Johann Peter Kirsch

Die christlichen Kultusgebäude im Altertum

Johann Peter Kirsch

Die christlichen Kultusgebäude im Altertum

ISBN/EAN: 9783743493988

Hergestellt in Europa, USA, Kanada, Australien, Japan

Cover: Foto ©ninafisch / pixelio.de

Weitere Bücher finden Sie auf **www.hansebooks.com**

Die christlichen Cultusgebäude

im Alterthum.

Von

Dr. J. P. Kirsch,

Universitätsprofessor in Freiburg i. d. Schweiz.

Mit 17 Abbildungen.

Köln, 1893.

Commissions-Verlag und Druck von J. P. Bachem.

Vorwort.

Die vorliegende Schrift hat den Zweck, die zahlreichen Einzeluntersuchungen über die altchristlichen Cultusgebäude, welche in den letzten Jahren veröffentlicht wurden, für einen größern Leserkreis in eine zusammenfassende Darstellung zu bringen. Unter Cultusgebäuden verstehe ich diejenigen Räume, in welchen die eigentliche Liturgie, das eucharistische Opfer, gefeiert wurde. Ich legte bei der Darstellung das Hauptgewicht auf die geschichtliche und die liturgische Entwickelung, wie sie uns durch die Quellen und die Monumente vor Augen geführt wird, ohne ausführlich die Frage über den Ursprung der altchristlichen Basilika nach der architektonischen Seite zu untersuchen. Letztere ist von verschiedenen Seiten in der jüngsten Zeit behandelt und in eben so verschiedener Weise gelöst worden[1]). Richter sieht in den Arcosolien der Katakomben und den Sälen für die liturgischen Versammlungen der vorconstantinischen Zeit die Elemente, aus welchen, durch Vergrößerung der Proportionen, die Basilika in der constantinischen Zeit entstanden sei[2]). Kraus vertritt die Ansicht, die christliche Basilika sei im Zeitalter Constantin's durch das Zusammentreten zweier Factoren entstanden, einmal der in einer oder drei Apsiden ausladenden Cella cimiterialis, und zweitens der großen dreischiffigen Halle, sei es der forensen, sei es der Privatbasilika[3]). In dem großen Werke von Dehio und von Bezold[4]) heißt es darüber: „Im antiken, bürgerlichen Haus, nicht ausgenommen das reiche und stattliche, gab es regelmäßig nur einen einzigen geschlossenen Raum von ausreichendem Umfange für eine gottesdienstliche Versammlung: das ist das Atrium, bezw. — in den Ländern griechischer Sitte — das Peristyl. Vergleichen wir den Grundriß des Atriums, zumal des in der Kaiserzeit am meisten gebräuchlichen Säulen-Atriums mit dem der Kirchenbasilika, so fällt, trotz der hier gewaltig angewachsenen Dimensionen, in der That die Uebereinstimmung der Raumgestaltung ohne Weiteres in's Auge, und wir erkennen zugleich, wie die äußere Anordnung des Gottesdienstes in der antiken häuslichen Sitte ihre Wurzel hat" (S. 70). Lange[5]) stellt hingegen jeden Zusammenhang

---

[1]) Für die ältere Litteratur sei verwiesen auf den Artikel „Basilika" von Kraus in der Real-Encyclopädie der christl. Alterthümer, I S. 109 ff.

[2]) J. P. Richter, Der Ursprung der abendländischen Kirchengebäude nach neuen Entdeckungen kritisch erläutert. Wien 1878.

[3]) Real-Enc. der christlichen Alterthümer, I S. 119.

[4]) Dehio-Bezold, Die kirchliche Baukunst des Abendlandes. Stuttgart 1884 ff.

[5]) Haus und Halle, Studien zur Geschichte des antiken Wohnhauses und der Basilika. Leipzig, 1885.

zwischen Haus- und Kirchenbau in Abrede. In den drei ersten Jahrhunderten sollen den Gemeinden zu ihren gottesdienstlichen Versammlungen bloß einschiffige Bauten gedient haben; von der constantinischen Zeit an jedoch habe sich das Bedürfniß größerer Bauten herausgestellt, welche nach dem in der profanen Architektur schon lange und reichlich verwendeten basilikalen Schema errichtet wurden. Nach Holtzinger[1]) hat sich der Kirchenbau bereits vor Constantin in selbständigen Bauten entwickelt, und zwar bereits auf basilikaler Grundlage. Das sogenannte basilikale Schema ist nicht in einer bestimmten Art von Bauten, sondern nur als Gattung vorbildlich für die Kirchenbauten geworden. Die Verbreitung des Schema's war viel zu groß, die Arten seiner Verwendung viel zu mannichfaltig, als daß wir für die Verwendung desselben im Kirchenbau ein bestimmtes antikes Vorbild suchen müßten. Crostarosa[2]) stellt als Anlage, aus der sich die Basilika entwickelte, die großen Säle des römischen Privathauses fest. Das sind die hauptsächlichsten, und, wie man sieht, sehr von einander abweichenden Meinungen über den Ursprung der altchristlichen Kirchengebäude, welche in den letzten Jahren aufgestellt wurden. Es paßte nicht in den Rahmen der vorliegenden Schrift hinein, diese einzelnen Ansichten ausführlich zu beurtheilen; doch wird der Leser leicht finden, was ich von denselben als richtig annehme.

Die erwähnten Untersuchungen stellen meistens die architektonische Seite in den Vordergrund; dagegen bezwecke ich, wie schon bemerkt, eine Gesammt-Darstellung der historischen Entwickelung der altchristlichen Kirchengebäude zu geben, wie sie durch die Bedürfnisse der liturgischen Feier begründet wurde. Es waren dabei zwei Hauptarten von gottesdienstlichen Gebäuden zu unterscheiden: 1. die Versammlungsorte für die regelmäßige Liturgie an den Sonntagen und an den diesen gleich gefeierten Festtagen, und 2. die Räume, in welchen die Begräbnißfeierlichkeiten und die Gedächtnißtage der Verstorbenen gehalten wurden; — in kurzen Worten: die Stadtkirchen und die Cömeterialkirchen. Ich will versuchen, die Entwickelung dieser beiden Arten von liturgischen Gebäuden und deren allmäliges Ineinandergehen darzustellen. Daran schließe ich eine kurze Behandlung der Privat-Oratorien und einen Abschnitt über die Disposition und die Einrichtung der Gotteshäuser. Die Untersuchungen beschränken sich zeitlich auf die Periode des christlichen Alterthums, d. h. auf die sieben ersten Jahrhunderte des Bestehens der Kirche.

Obwohl der Ursprung der christlichen Basilika nicht ausführlich und ex professo behandelt wird, dürften doch die folgenden Ausführungen vielleicht zur Klärung der Frage in etwa beitragen.

[1]) Kunsthistorische Studien. Tübingen, 1886, S. 1 ff. — Die christliche Basilika in ihrer Entwickelung und Beziehung zur Antike. Oldenburg, 1883.
[2]) Le basiliche cristiane. Dissertazioni lette nell' Accademia Pont. di archeologia. Roma 1892.

Inhalts-Verzeichniß.

Vorwort V
I. Die Kirchengebäude in der vorconstantinischen Epoche 1
II. Die Cömeterialkirchen in der vorconstantinischen Zeit. 19
III. Die Stadtkirchen von der Zeit Constantin's des Großen bis zum Schlusse des christlichen Alterthums. 27
IV. Die Grab- und Reliquien-Kirchen vom vierten bis siebenten Jahrhundert. 45
V. Die Privat-Oratorien im christlichen Alterthum 75
VI. Die innere Einrichtung und Ausstattung der altchristlichen Cultusgebäude. 82
Schluß. 93

Verzeichniß der Abbildungen.

1. Theil eines römischen Hauses unter der Basilika des h. Clemens in Rom 11
2. Zwei antike römische Wohnhäuser. (Nach Lange) 13
3. Grundriß des pompejanischen Normalhauses nach E. Presuhn 14
4. Unterirdische Cömeterialkirche im Cömeterium Ostrianum der Via Nomentana zu Rom. (Nach Marchi) 20
5. Zwei Cömeterial-Kirchen über der Calixtus-Katakombe. (Nach de Rossi) 21
6. Antiker Eingang zu einem Theile der Domitilla-Katakombe mit darangebautem Versammlungsraum. (Nach de Rossi) 22
7. Basilika des h. Sylvester über der Priscilla-Katakombe. (Nach de Rossi) 23
8. Grundriß der alten Basilika des h. Clemens in Rom (jetzt Unterkirche) 32
9. Grundriß der beiden übereinander liegenden Kirchen von S. Clemente und der darunter liegenden Bauten. (Nach de Rossi). 33
10. Grundriß der Kirche der hh. Cosmas und Damianus in Rom. (Nach Holzinger) 36
11. Cömeterium von Manastirine zu Salona. (Nach Jelic) 47
12. Cömeterial-Basilika der hh. Beatrix und ihrer Gefährten. (Nach de Rossi) 53
13. Doppelkirche der h. Symphorosa. (Nach Stevenson) 55
14. Schachte unter der Grabplatte des h. Paulus. (Nach Grisar) 57
15. Durchschnitt des Reliquiengrabes unter dem Altare der Basilika zu Grado. (Nach Swoboda) 71
16. Reliquiengrab unter dem Altare der Kirche in Aïn-Beida. (Nach de Rossi) 71
17. Grundriß eines in Rom aufgefundenen Privat-Oratoriums. (Nach de Rossi) 80

I.

Die Kirchengebäude in der vorconstantinischen Epoche.

Die ersten christlichen Cultusstätten waren die Räumlichkeiten der Häuser einzelner Christen, in welchen sich die Gläubigen zum Gebete und zur eucharistischen Feier versammelten. So lange die erste Christengemeinde in Jerusalem vereinigt war, besuchten die Apostel und die Gläubigen mit ihnen regelmäßig den Tempel der Juden, um an dem israelitischen Cultus theilzunehmen. Allein daneben hatten sie ihre eigenen Versammlungen, an denen ausschließlich die Getauften theilnehmen durften. Hier wurde das feierliche eucharistische Gebet, nach dem Vorbilde und der Vorschrift des Herrn, über Brod und Wein gesprochen; das Brod wurde zertheilt und dann mit dem Wein allen Anwesenden zum Genusse gereicht. Diese specifisch christliche eucharistische Feier fand nicht im Tempel, sondern in Privathäusern von Christen statt [1]), wie ja der Heiland selbst im geräumigen Obergemache eines Hauses das letzte Abendmahl mit seinen Jüngern gefeiert hatte [2]). Aus der Geschichte der wunderbaren Befreiung des h. Petrus aus dem Kerker in Jerusalem erfahren wir, daß im „Hause der Maria, der Mutter des Johannes mit dem Zunamen Marcus, Viele versammelt waren und beteten" [3]). Das war offenbar eines jener Häuser, wo die Christen zum Brodbrechen sich vereinigten. Ebenso diente sicher das coenaculum des Hauses, wo die Jünger die Herabkunft des heiligen Geistes erwarteten und wo der Paraclet über sie kam, diesem Zwecke.

---

[1]) Frangentes circa domos panem, Apostelgesch. II, 46; vgl. II, 42.
[2]) Luc. XXII, 12; Marc. XIV, 15. — [3]) Apostelgesch. XII, 12.

In ähnlicher Weise hielten es die Apostel und ihre Gehülfen in der Missionsthätigkeit zur Ausbreitung des Christenthums, als sie über Jerusalem und Palästina hinaus die Lehre des Evangeliums verkündeten. Die Berichte über die Thätigkeit des h. Paulus legen dafür Zeugniß ab. Ueberall, wo der Völkerapostel hin kam, suchte er zuerst sich mit den Juden in den Städten des römischen Reiches in Beziehung zu setzen, begab sich in die Synagoge und verkündete dort die Ankunft des Messias, die Erfüllung der Prophezeiungen in der Person Jesu Christi. Niemals, so weit wir erfahren, nahm eine ganze jüdische Gemeinde die Lehre des Evangeliums an. Einzelne Juden und Proselyten bekehrten sich, und immer wurden nach kurzer Zeit diese Anhänger des Christenthums mit dem Apostel, welcher sie für den Glauben an den Messias gewonnen hatte, aus der Synagoge ausgeschlossen. Hierauf wandten sich die Apostel an die Heiden und fanden bei einer Anzahl derselben willig Gehör. Auf diese Weise bildeten sich christliche Gemeinden, welche sich unabhängig von den jüdischen organisirten, jedoch nach außen noch längere Zeit als zu den Juden gehörig betrachtet wurden. Wie die Muttergemeinde in Jerusalem, so hatten naturgemäß auch die in den übrigen Städten entstandenen Christengemeinden ihre gottesdienstlichen Versammlungen. Dieselben wurden — anfänglich neben den Versammlungen in der Synagoge, dann, nach der Excommunication der Christen durch die Juden, ganz ausschließlich — in dem Privathause eines Neubekehrten abgehalten, welcher seine Wohnung dem Apostel und später den von ihm eingesetzten Vorstehern der christlichen Gemeinde zu diesem Zwecke zur Verfügung stellte. So wurde einer der großen Räume des griechischen oder des römischen Hauses zur Cultusstätte für die Christen. In Troas predigte der h. Paulus während der gewöhnlichen liturgischen Feier am Sonntag, welche in einem ὑπερῷον (Obergemach, coenaculum), im dritten Stockwerk eines Hauses stattfand[1]). In Korinth versammelte sich die christliche Gemeinde im Hause des Cajus, der den h. Paulus und die ganze Gemeinde gastlich aufnahm[2]) und der vom Apostel selbst die h. Taufe empfangen hatte[3]). Bei einer andern Gelegenheit wohnte der Völkerapostel in Korinth im Hause der christlichen Gatten Aquilas und Prisca (oder Priscilla), bei welchen gleichfalls die Christengemeinde sich versammelte[4]). Dasselbe Ehepaar stellte auch in Rom sein Haus den Brüdern zur Verfügung und nahm die ecclesia domestica (die Hausversammlung) gastlich in demselben auf[5]). In Laodicäa feierten die Christen die h. Liturgie

---

[1]) Apostelgesch. XX, 6—11. — [2]) Röm. XVI, 23. — [3]) 1. Kor. I, 14. — [4]) 1. Kor. XVI, 19.

[5]) Röm. XVI, 3—5. Die Tradition, bestätigt durch archäologische Funde und durch die Geschichte der Priscilla-Katakombe, bezeichnet die alte Titelkirche S. Prisca auf dem

im Hause eines gewissen Nymphas¹); in Colossae finden wir eine Gemeinde im Hause des Philemon, an welchen der h. Paulus dessen Sklaven Onesimus mit einer Empfehlung des Apostels zurücksandte²). In Rom tragen heute noch viele Kirchen den Namen der frühern Besitzer der Häuser, in denen die ersten Christen der Hauptstadt ihre Versammlungen hielten. So bildeten zur Zeit der Apostel die großen Räume der Privathäuser reicher Christen die Cultusstätte für die liturgische Feier.

In der nachapostolischen Zeit und das ganze zweite Jahrhundert hindurch finden wir keine Veränderung in dieser Beziehung. Das Christenthum gewann in Rom und in den Hauptstädten des Reiches Anhänger in den höchsten Kreisen der Gesellschaft. Und gerade so, wie diese die Familienbegräbnisse für die christlichen Glieder ihres Hauses der localen Kirche zur Verfügung stellten, um für ihre ärmern Brüder im Glauben einen Begräbnißplatz herzurichten, so nahmen sie in den Räumen ihrer Paläste die christliche Gemeinde auf zur Feier der liturgischen Versammlungen. Ein Gegner der christlichen Lehre schildert in folgender Weise die christliche Hauskirche, in welche er gerieth: „Ich stieg in einem mir unbekannten Hause eine Treppe hinauf und trat in ein Zimmer mit getäfelten Wänden, wie das Haus des Menelaos bei Homer. Doch habe ich keine Helena darin gefunden, sondern bloß abgehärmte Gestalten, welche auf den Knieen lagen"³). Vollständig dem Gesagten entsprechend ist eine Angabe der pseudo-clementinischen „Recognitionen", welche aus dem Ende des zweiten oder dem Anfange des dritten Jahrhunderts stammen. Der Verfasser gibt vor, als Zeitgenosse der Apostel zu schreiben; sein Zeugniß hat jedoch für unsern Zweck denselben Werth für die wirkliche Zeit der Abfassung jenes Romans, wie eine authentische Quelle. Er erzählt, ein reicher Mann von Antiochien, Namens Theophilus, habe die sehr große Basilika seines Hauses als Kirche hergegeben, in welcher dem Apostel Petrus von dem ganzen Volke ein Lehrstuhl errichtet wurde; dort kam täglich die Menge zusammen, um die Lehrvorträge des Apostels anzuhören, und sie glaubte der heiligen Lehre, welche durch die thatsächlichen Beweise der Heiligkeit erhärtet wurde⁴). Für Rom zeugt eine Stelle aus dem Verhör des h. Justinus, welche so genau zu der Stellung der Kirche in der zweiten Hälfte des zweiten Jahrhunderts stimmt, daß sie kaum als unecht angesehen werden kann. Der Stadtpräfect frug den heiligen Philosophen, an welchem Orte die Christen sich versammelten.

Aventin als erbaut an der Stelle dieser Cultusstätte der apostolischen Zeit. Vgl. De Rossi, Bull. di archeol. crist. 1867, S. 44.

¹) Coloss. IV, 15. — ²) Philem. 2. — ³) Dialog. Philopatris, nach Kraus, Real-Encyklopädie I, S. 112. — ⁴) Recognitiones Clement. X, c. 71.

Justinus antwortete, Jeder komme mit Andern dort zusammen, wo er wolle und könne. „Glaubst du," sagte er, „daß wir Alle an demselben Orte zusammen zu kommen pflegen? Dem ist gar nicht so; denn der Gott der Christen wird nicht durch den Raum umschrieben, sondern da er unsichtbar ist, erfüllt er Himmel und Erde, und überall wird er von den Gläubigen angebetet und wird sein Ruhm gepriesen." Darauf sagte der Präfect: „Nun, sage, an welchem Orte ihr euch vereinigt und wo du deine Schüler versammelst." Justinus antwortete: „Ich habe bisher nahe dem Hause eines gewissen Martinus gewohnt, bei den Bädern, welche die Timiotinischen heißen. Ich bin zum zweiten Male nach Rom gekommen und kenne keinen andern Ort als denjenigen, welchen ich nannte. Jedoch wenn Jemand zu mir kommen wollte, so habe ich ihm die Lehre der Wahrheit mitgetheilt"[1]). Aus diesem Verhöre können wir zwei Folgerungen ziehen, welche ganz im Einklange stehen mit dem, was uns die andern Quellen lehren: zuerst, daß die römischen Christen mehrere Versammlungsorte hatten, was uns als ganz natürlich erscheinen muß bei der großen Ausdehnung der Stadt und der immer wachsenden Zahl der Christen; dann, daß diese Versammlungsorte noch keine eigenen kirchlichen Gebäude, kein der öffentlichen Gewalt als solches bekanntes Eigenthum der Gemeinde waren, da sonst der Präfect nicht erst hätte fragen müssen.

Aus dem Umstande, daß bis gegen Ende des zweiten Jahrhunderts die christlichen Gemeinden die Gastfreundschaft reicher Brüder genossen bei ihrer liturgischen Feier, folgt nicht, daß wir die dazu benutzten Säle nicht als eigentliche gottesdienstliche Räume anzusehen hätten. In manchen Fällen werden die Besitzer damals schon, besonders in Rom, das ganze Haus der Kirche zur Verfügung gestellt haben; wenn sie auch vor dem Gesetze und der weltlichen Obrigkeit als die eigentlichen Besitzer dastanden, so konnten die größern Säle dauernd für den Cultus, die übrigen Theile des Hauses als Wohnungen für den Klerus und zu Zwecken der kirchlichen Verwaltung benutzt werden. Allein wenn auch der Besitzer fortfuhr, selbst mit seiner Familie im Hause zu wohnen, so brachte es doch die Ehrfurcht vor den h. Geheimnissen von selbst mit sich, daß er die einmal für die Versammlungen überlassenen Räume so viel wie möglich diesem Zwecke ausschließlich hingab. Trotz allem brachte dieser Umstand manche Schwierigkeiten mit sich. Die Christengemeinden hingen in Bezug auf die ihnen zu Cultus- und Begräbnißzwecken nothwendigen Gebäude und Grundstücke vollständig vom Gutdünken der rechtlichen Eigenthümer ab, was unter gewissen Umständen, z. B. bei einer

---

[1]) Ruinart, Acta martyrum sincera. ed. Ratisbonen. p. 106.

Vererbung des betreffenden Besitzes, zu großen Schwierigkeiten führen mußte. Man begreift deshalb, daß die einzelnen Gemeinden bestrebt waren, wenn möglich unter irgend einer Form corporative Besitzfähigkeit zu erlangen. Sie erreichten dies vom Ende des zweiten oder vom Anfange des dritten Jahrhunderts an, sei es, daß ihnen als Begräbniß-Genossenschaft (Collegium funeralicium) Besitzfähigkeit zuerkannt wurde [1]), oder daß in Bezug auf den gemeinsamen Besitz neben den Friedhöfen die Duldung, welche die Christen unter den meisten Kaisern im dritten Jahrhundert genossen, auch auf die Gemeinden als solche ausgedehnt wurde. Da diese Thatsache des factischen corporativen Besitzes durch die christlichen Gemeinden im dritten Jahrhundert für die Geschichte der Cultusgebäude von großer Wichtigkeit ist, will ich dieselbe etwas ausführlicher behandeln.

Am klarsten sprechen die Zeugnisse des angehenden vierten Jahrhunderts für den **Gemeindebesitz der Christen**; wir werden deshalb mit ihnen beginnen, da sie auf die ältern Zeugnisse helles Licht werfen. Das Mailänder Toleranz-Edict der Kaiser Constantin und Licinius, welches den Gemeinden in Bezug auf ihre Besitzungen das zurückgibt, was sie vor dem Ausbruch der Diocletianischen Verfolgung gehabt hatten, sagt: „Ferner verfügen wir zu Gunsten der Christen Folgendes. Die Versammlungsorte der Christen, über welche wir in dem früher an dich [2]) ergangenen Schreiben anders bestimmt hatten, sollen, wenn solche vom Fiscus oder von irgend Jemand angekauft worden sind, denselben Christen unentgeltlich und ohne irgend einen Ersatz des Kaufpreises durch die Christen, ohne jede Weigerung und ohne Zögerung herausgegeben werden; und wenn Jemand solche Orte zum Geschenk erhalten hat, soll er sie unverzüglich zurückgeben. Jedoch mögen diejenigen, welche diese Orte gekauft oder zum Geschenk erhalten haben, wenn sie etwas dafür von unserer Güte verlangen, sich an den Statthalter der betreffenden Provinz wenden, damit unsere Güte darüber entscheide. Daß alles dies der Körperschaft der Christen zurückerstattet werde, dafür hat dein Eifer ohne Aufschub zu sorgen. Und da dieselben Christen, wie bekannt ist, außer ihren Versammlungsorten auch noch andere in Besitz hatten, die nicht Privateigenthum waren, sondern der ganzen Körperschaft der Christen rechtlich gehörten, so sollen diese insgesammt nach dem vorhin aufgestellten Gesetze ohne Weigerung denselben Christen, d. i. einer jeden Körperschaft und einer jeden Gemeinde, zurückgegeben werden, unter Beobachtung der vorhin gegebenen Bestimmung, daß alle diejenigen, welche solche Locale

---

[1]) De Rossi, Roma sotterranea, B. I, S. 101 ff., Bull. di archeologia crist. 1864, S. 57 f.; 1865, S. 90. Kraus, Roma sotterranea, 2. A., S. 49 ff.

[2]) Nämlich an den praefectus praetorio.

ohne Wiedererstattung des Preises herausgegeben haben, von unserer Güte dafür Schadloshaltung erwarten können"¹).

Also besaßen die Christen vor 303 Gotteshäuser (Versammlungsorte) und andere Immobilien, welche nicht Privatbesitz, sondern den staatlichen Behörden als solches bekanntes Eigenthum der Gemeinde waren. Auch das Edict des Kaisers Galerius vom Jahre 311 erlaubte den Christen, ihre Versammlungslocale wieder herzustellen²), setzt somit ebenfalls voraus, daß diese den öffentlichen Behörden als solche genau bekannt waren. Früher, im Jahre 272, war das Besitzrecht der christlichen Gemeinde von Antiochien auf ihr „Haus der Kirche" durch Kaiser Aurelian anerkannt worden. „Als Paulus (von Samosata, Bischof von Antiochien) zugleich mit seiner Rechtgläubigkeit auch sein bischöfliches Amt verloren hatte, übernahm, wie schon gesagt, Domnus die Leitung der Gemeinde von Antiochien. Allein Paulus wollte in keiner Weise das Haus der Kirche *(τοῦ τῆς ἐκκλησίας οἴκου)* räumen. Der Kaiser Aurelian, dem die Sache vorgelegt wurde, fällte einen ganz billigen Entscheid. Er befahl nämlich, daß denen das Haus übergeben werden solle, mit welchen die Bischöfe der Christen in Italien und in der Stadt Rom in brieflichem Verkehr ständen. Somit wurde der oben erwähnte Mann mit größter Schande von der weltlichen Macht aus der Kirche getrieben"³). Die Christengemeinde Antiochiens konnte es demnach wagen, einen Proceß vor dem Kaiser anzustrengen, um einem wegen Häresie abgesetzten Bischofe das Haus der Kirche zu entreißen, welches er trotz seiner Absetzung in Besitz behalten wollte. Daß es sich dabei um ein gottesdienstliches Gebäude handelt, beweist der als synonym mit „Haus der Kirche" (οἶκος τῆς ἐκκλησίας) gebrauchte Ausdruck „Kirche" (ἐκκλησία), welcher offenbar dasselbe Gebäude bezeichnet wie der erstere. Und das Haus wird nicht einem Privatmanne, sondern „den Christen" übergeben, es war somit ein Eigenthum der ganzen Gemeinde. Daß Aurelian auch in Rom die Cultusgebäude der Christen kannte, beweist die interessante Stelle aus einer Ansprache dieses Kaisers an den Senat: „Ich staune, erhabene Väter, daß ihr so lange unschlüssig waret über das Oeffnen der Sibyllinischen Bücher, gerade als ob ihr in einer Kirche der Christen, nicht in dem Tempel aller Götter die Verhandlungen führtet"⁴). Der Gegensatz zwischen „ecclesia christianorum" und „templum deorum omnium" beweist, daß mit jener der Versammlungsort der Christen gemeint ist.

Gehen wir weiter hinauf im dritten Jahrhundert, so finden wir

---

¹) Eusebius, hist. eccl. X. c. 5, ed. Heinichen I. S. 487 f. — ²) Eusebius, hist. eccl. VIII, c. 17. Vgl. Augustinus, Breviarium collationis cum Donatistis, III, 34, 36. — ³) Eusebius, hist. eccl. VII, 30; ed. cit. I, 364.
⁴) Vopiscus, Vita Aureliani.

nach der Valerianischen Verfolgung eine ähnliche Rückgabe der kirchlichen Besitzungen an die Christen, wie sie nach der Diocletianischen Verfolgung stattgefunden hatte. Eusebius[1]) hat uns den Brief aufbewahrt, durch welchen der Bischof Dionysius von Alexandrien und andere die Aufforderung erhielten, vor den Beamten des Fiscus zu erscheinen, um die confiscirten Besitzungen ihrer Gemeinden wieder in Empfang zu nehmen. „Damit die segensreichen Wirkungen meiner Gnade," schreibt Gallienus an die Bischöfe, „sich über das ganze Reich verbreiten, so habe ich den Befehl gegeben, daß die für religiöse Zwecke bestimmten Orte euch abgetreten werden." Eusebius fügt hinzu, es sei eine andere Verordnung desselben Kaisers vorhanden, die an andere Bischöfe gerichtet ist und wodurch denselben gestattet wird, die Plätze der sogenannten Ruhestätten (coemeteria) wieder in Besitz zu nehmen. Sowohl die Friedhöfe als die Gebäude für den Gottesdienst wurden den Bischöfen nicht als Privatleuten, sondern als Vorstehern der christlichen Gemeinden wieder überwiesen. Als deshalb im Jahre 257 der kaiserliche Fiscus die Kirchengebäude und die Cömeterien in Besitz genommen hatte, waren dieselben als wirklicher kirchlicher Besitz, und nicht bloß als kirchlichen Zwecken dienende Immobilien confiscirt worden. Schon im Anfange des dritten Jahrhunderts hatten sich die römischen Christen an den ihnen freundlich gesinnten Kaiser Alexander Severus (222—235) gewandt, als ihnen die Garköche ein Besitzthum streitig machten[2]). Der Kaiser entschied den Proceß zu Gunsten der Christen mit der Begründung, es sei besser, daß, in welcher Weise auch immer, Gott dort verehrt werde, als daß der Platz den Garköchen überlassen würde. Die Benutzung des betreffenden Besitzthums zu religiösen Zwecken — höchst wahrscheinlich handelte es sich um einen Platz, auf welchem die Christen ein Kirchengebäude errichten wollten — zeigt klar, daß nicht der Privatbesitz irgend eines Christen, sondern ein der ganzen Gemeinde (den Christen) gehöriger Ort zu Cultusversammlungen gemeint ist. Gerade wie im Anfang des dritten Jahrhunderts die Heiden die den Christen gehörenden Cömeterien kannten[3]), so kannten sie auch die ihren religiösen Versammlungen dienenden Gebäude. Denn Origenes[4]) sagt, beim Ausbruch der Verfolgung des Maximin im Jahre 235 seien die christlichen Kirchen zerstört worden; dieselben gehörten nicht einzelnen Christen, sondern der ganzen Gemeinde, gerade so,

---

[1]) Hist. eccl. VII, 13.
[2]) „Cum Christiani quemdam locum, qui publicus fuerat, occupassent, contra propinarii dicerent sibi eum deberi, rescripsit (Alexander Severus) melius esse ut quemadmodumcumque illic Deus colatur quam propinariis dedatur." Lampridius, in Alexandrum Sever. c. 49.
[3]) Tertullian. ad Scapulam 3. — [4]) In Matthäum 22.

wie die Friedhöfe der Christen (areae Christianorum), deren Vernichtung nach Tertullian's Zeugniß der Pöbel von Carthago verlangte, der localen Kirche gehört hatten.

Es besteht somit kein Zweifel, daß vom Ende des zweiten oder dem Anfange des dritten Jahrhunderts an die Christengemeinden Cultusgebäude besaßen, welche keinem andern Zwecke dienten, als dem Gebrauche der christlichen Gemeinde, welche keinem andern gehörten, als der Körperschaft der Christen in den einzelnen Städten; und daß dieses Besitzrecht in den Zeiten der Duldung von der heidnischen Staatsgewalt factisch anerkannt wurde. Nun erscheint auch die so wichtige Stelle bei Eusebius[1]), in welcher er den blühenden Zustand des Christenthums vor dem Ausbruche der Diocletianischen Verfolgung schildert, in ihrer ganzen Tragweite. „Wer vermöchte wohl," schreibt er, „die zahllosen Schaaren derjenigen zu nennen, welche sich dem Christenthum zuwandten, wer die Menge der Versammlungen, die in jeder Stadt abgehalten wurden, und den auffallenden Zudrang zu den Bethäusern zu schildern? Die alten Gebäude reichten in Folge dessen nicht mehr aus, es mußten in allen Städten geräumige Kirchen neu erbaut werden." Die Christen besaßen somit vor jener Zeit Kirchengebäude zu gottesdienstlichen Zwecken. Bei der großen Ausbreitung des Christenthums in der langen Zeit der Ruhe vor dem Jahre 303 reichten dieselben nicht mehr aus, es mußten neue, geräumige Gebäude errichtet werden.

Im Anschluß an die vorstehenden Ausführungen und mit Anziehung der Analogie von den christlichen Cömeterien[2]) können wir die Entwickelung der Cultusgebäude in folgender Weise darstellen. Bis zum Ausgange des zweiten Jahrhunderts dienten die Räumlichkeiten der Häuser wohlhabender Christen als Cultusstätten; die Familie, welche ihr Haus als Versammlungsort der Kirche zur Verfügung gestellt hatte, blieb vor der Oeffentlichkeit und in den Augen des Staates im Besitz desselben, selbst in dem Falle, wo dieses factisch bereits in den Besitz der Christengemeinde übergegangen war. Um die Wende des zweiten zum dritten Jahrhundert begannen, in Folge der Duldung von Seiten römischer Kaiser, die Gemeinden als solche als Eigenthümer der durch Schenkung, Vermächtniß oder Kauf an sie gelangten Cultusgebäude aufzutreten. Die Stellung der Staatsgewalt bestimmte sich nun dahin, daß sie diesen Besitz stillschweigend oder auch rechtlich anerkannte und bei Streitigkeiten zu Gunsten der Christen entschied, oder aber, zur Zeit systematischer Unterdrückung des Christenthums als Religionsgemeinschaft, die Gotteshäuser

---

[1]) Hist. eccl. VIII, 1. — [2]) Vgl Kraus, Roma sotterranea, 2. A., S. 68 ff., und die dort citirte Litteratur.

wie die Cömeterien und den übrigen Immobiliarbesitz der Christengemeinden confiscirte. So blieb es bis zur Zeit Constantin's.

Die Folge davon war, daß im Laufe des dritten Jahrhunderts die Christengemeinden selbständige, ihnen gehörige Gotteshäuser, in den großen Städten sogar mehrere, besaßen. Wie die Namen und die Geschichte der ältesten Kirchen in Rom, Alexandrien, Antiochien, Karthago beweisen, waren die Christen dieser Städte durch Schenkung oder Vermächtniß in den Besitz zahlreicher „Häuser der Kirche" gelangt, welche zur regelmäßigen Feier der liturgischen Versammlungen eingerichtet und einem Priester zur speciellen Besorgung übergeben wurden, ohne daß sie dadurch aufhörten, dem ganzen Gemeinwesen der Christen in der betreffenden Stadt zu gehören. Die alten römischen Titelkirchen S. Prisca auf dem Aventin, S. Cäcilia in Trastevere, die ecclesia Pudentiana (später S. Pudentiana) in Rom waren ursprünglich die Privathäuser der Christen, deren Namen sie tragen, wurden zu gottesdienstlichen Versammlungen benutzt und gingen als domus ecclesiae in den Gebrauch und in den Besitz der römischen Kirche über. Sehr wahrscheinlich haben einzelne Basiliken anderer Städte, die den Namen von Privatpersonen im vierten Jahrhundert noch trugen, einen ähnlichen Ursprung und eine ähnliche Geschichte. Andrea Amoroso hat in seiner historischen Beschreibung der Kathedrale von Parenzo in Istrien als ältesten Theil einen großen, länglich viereckigen Saal (aula) erkannt, in welchem er ein altes, im Jahre 303 in der Diocletianischen Verfolgung zerstörtes Oratorium sieht[1]). An sich unmöglich ist dies nicht. Das interessanteste und lehrreichste Beispiel dieser Art ist uns wohl in San Clemente in Rom erhalten. Unter der jetzigen Kirche fand man eine ältere, dreischiffige Basilika, welche im vierten Jahrhundert erbaut wurde als „Dominicum Clementis" (Gotteshaus des Clemens), wie sie auf dem Collar eines flüchtigen Sklaven heißt[2]), und als „memoria Clementis" (Monument des Clemens), wie der h. Hieronymus[3]) bezeugt. Da die sterblichen Ueberreste des h. Bischofs Clemens nicht an dieser Stelle ruhen konnten, so muß die Kirche ein anderes Andenken an denselben aufbewahrt haben. Bei weitern Nachgrabungen fand man, daß genau unter der Apsis der Basilika der gewölbte Saal eines römischen Patricierhauses lag, welcher auf einer breiten und bequemen Treppe von der Kirche aus zugänglich

---

[1]) Amoroso, Andrea, Le basiliche cristiane di Parenzo. 1891.
[3]) S. De Rossi, a. a. O. 1870, S. 148 ff.
[2]) De Rossi, Bullettino di arch. crist. 1863, S. 25. Den entflohenen Sklaven wurde nämlich seit Constantin, wenn sie wieder eingefangen worden waren, ein Täfelchen mit einer entsprechenden Inschrift an den Hals gehängt, während man ihnen unter den heidnischen Kaisern mit glühenden Eisen ein Mal auf die Stirne gebrannt hatte. Die

war (Fig. 1). Die Deckverzierungen des Saales stammten aus der Zeit der Kunstblüthe in Rom in der ersten Kaiserzeit. Ohne Zweifel hatte man darin die „memoria Clementis" gefunden, welche kaum etwas anderes sein kann, als der Saal eines römischen Hauses, in welchem von den ältesten Zeiten der Kirche an die Christen ihre Versammlungen hielten, und an den sich deshalb die locale Erinnerung an den hochberühmten h. Papst Clemens geknüpft hatte. Die Einrichtung läßt sich leider nicht mehr vollständig erkennen, da ein daran stoßender größerer Raum desselben Hauses (B), höchst wahrscheinlich während der Confiscation des Gotteshauses in einer Verfolgung des dritten Jahrhunderts, in ein Heiligthum des Sonnengottes Mithras (speleum) umgewandelt worden war¹).

Ein anderes sehr lehrreiches Beispiel der Umwandelung eines Prachtsaales in eine Cultusstätte besitzt Rom in der alten Kirche des h. Andreas bei S. Maria Maggiore, jetzt innerhalb des Klosters St. Antonio. Dasselbe stammt zwar aus der nachconstantinischen Zeit, beleuchtet jedoch die Geschichte des Gotteshauses in der vorhergehenden Epoche in trefflicher Weise²). Junius Bassus, Consul im Jahre 317, erbaute auf dem Esquilin einen großen Prachtsaal, dessen Wände mit mythologischen und historischen Bildern, Thierkämpfen usw. in prachtvoller Marmorzeichnung geschmückt waren. Der Bau wurde später Eigenthum des Generals Flavius Valila, welcher ihn bei seinem Tode der römischen Kirche schenkte. Papst Simplicius (468—483) wandelte ihn zu einer Kirche des h. Andreas um, fügte eine Apsis hinzu, welche mit Mosaikbildern geschmückt war, und ließ auch auf der Fläche eines zugemauerten Fensters ein

---

uns interessirende Inschrift des erwähnten Collars, welches auf der andern Seite noch eine andere trägt, lautet:

```
    TENE ME Q
  VIA FVG · ET REB
  OCA ME VICTOR
    I · ACOLIT
    O A DOMIN
     ICV CLEM
       ENTIS
          ☧
```

„Tene me quia fugi et re(v oca me Victori acoly't(h o a Dominic(o) Clementis." — „Halte mich fest, denn ich bin geflohen, und führe mich zurück zu Victor dem Acolythen der Kirche des Clemens." Sie stammt aus der ersten Hälfte des vierten Jahrhunderts.

¹) Vgl. Kraus, Real-Encyklopädie für christl. Alterthümer, Art. Clemens und San Clemente (de Waal) und die dort citirten Stellen des Bullettino von de Rossi, besonders 1870, S. 129 ff., 149 ff.

²) S. De Rossi, Bullettino 1871, S. 5—29, 41—64.

Mosaikbild anbringen, ohne etwas an den profanen Kunstwerken, welche die Wände schmückten, zu ändern¹). Wenn dies noch im vierten und fünften Jahrhundert in Rom geschah, so können wir wohl einen Analogieschluß auf das zweite und dritte Jahrhundert machen, in welchen in ähnlicher Weise — abgesehen von dem specifisch christlichen Bilderschmuck — große Säle von Privatwohnungen in Kirchen umgewandelt wurden.

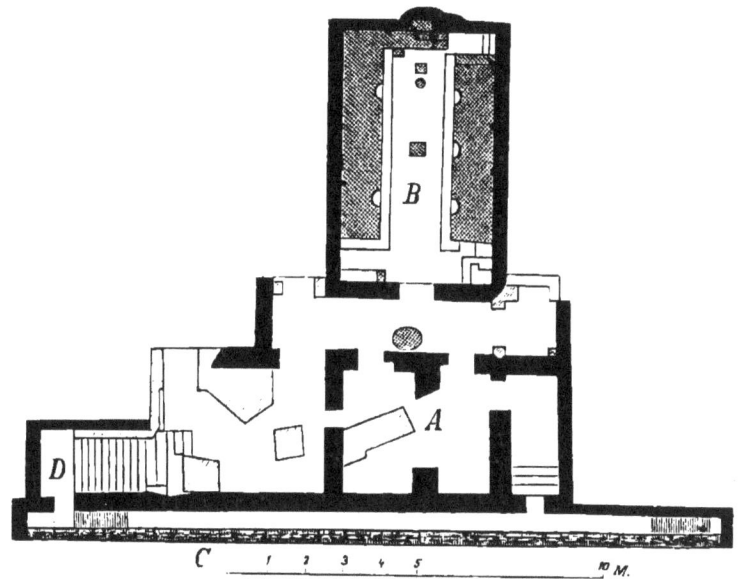

Fig. 1. Theil eines römischen Hauses unter der Basilika des hl. Clemens in Rom.

Die vorstehende Abbildung (Fig. 1) zeigt die Räume des Hauses, welche ausgegraben wurden. Dasselbe ruht zum Theile auf einer Mauer aus Tuffquadern (C), welche der ältesten Zeit Roms angehört. Die ganz schwarz gezeichneten Linien geben die Mauern des Baues aus der Kaiserzeit an, von welchem der Raum A grade unter der Apsis der Kirche liegt.

Aber die großen Säle der schon bestehenden und in den Besitz der Christengemeinden gelangten Privathäuser waren nicht die einzigen gottesdienstlichen Räume in den ersten Jahrhunderten; die Christen errichteten auch selbst bereits im dritten Jahrhundert eigene Gebäude mit der Bestimmung, als Gotteshäuser zu dienen. Die oben (S. 8) angeführte Stelle aus der Kirchengeschichte des Eusebius läßt darüber keinen Zweifel

---

¹) S. Ciampini, Vetera monimenta, ed. Romae 1747, S. 52 ff. u. 242 ff., mit den dazu gehörigen Abbildungen.

bestehen. Auch die Nachricht über den Spruch des Alexander Severus zu Gunsten der Christen läßt sich, wie die Begründung, „es sei besser, daß Gott, in welcher Weise auch immer, dort geehrt werde," beweist, am natürlichsten von einem Platze verstehen, auf welchem die Christen ein Gotteshaus errichten wollten. Und wenn die Christengemeinde durch Schenkung und Erbschaft in den Besitz von Häusern gelangen konnte — daß sie ihre eigenen Häuser besaß, haben wir gesehen —, so liegt kein Grund vor, in Frage zu stellen, daß sie ebenfalls einen Bauplatz erwerben und darauf ein Gotteshaus errichten konnte. Wenn sie endlich außerhalb der Stadtmauern über den ihr gehörenden Cömeterien Cultusstätten errichten konnte, so konnte sie es ebenfalls innerhalb der Stadt auf einem in ihren Besitz gelangten Grund und Boden. Es fragt sich nun, wie wir uns diese „Häuser der Kirche" als Cultusgebäude zu denken haben.

Das römische sowohl als das griechische Privathaus reicher Bürger eigneten sich vortrefflich als Gotteshaus für die Christengemeinde, so lange diese nicht sehr zahlreich war[1]). Dasselbe umfaßte in der Regel zwei innere, mit Säulenhallen umgebene Höfe, von denen häufig einer ganz oder zum größten Theil gedeckt war; ferner mehrere große Säle, die als Speisezimmer, als Prachtsäle für den Empfang der Clienten u. dgl. benutzt wurden; außerdem Wohn= und Schlafzimmer, Badezimmer, Keller und Vorrathsräume. Häufig lagen mehrere Säle neben einander, so daß sie leicht in Verbindung gesetzt werden konnten. (S. Fig. 2 u. 3.) So konnten die Christen mit Benutzung des gedeckten Hofes oder durch Verbindung mehrerer Säle leicht einen großen, aus verschiedenen Abtheilungen bestehenden Raum herstellen, in welchem die einzelnen Klassen der christlichen Gemeinde: Katechumenen, Büßer, Gläubige, sowie der Klerus gehörigen Platz fanden, falls ein einziger Raum nicht mehr ausreichte, Allen Aufnahme zu gewähren. Die anstoßenden Zimmer dienten zur Aufbewahrung der heiligen Gefäße und der liturgischen Bücher; die übrigen Räume zur Wohnung für den Bischof und seine Kleriker oder für ein anderes Mitglied des Klerus. Die Vorrathsräume und Keller konnten benutzt werden zur Aufbewahrung der Nahrungsmittel und der Kleider, welche zum Unterhalt der Armen, Wittwen und Waisen dienten[2]).

---

[1]) Vgl. Lange, Das antike griechisch-römische Wohnhaus. Leipzig 1878. Dehio-Bezold, Die kirchliche Baukunst des Abendlandes. 1884. S. 63 ff.
[2]) S. Duchesne, Origines du culte chrétien. S. 385 f.

Zur Veranschaulichung des hier Gesagten gebe ich nach dem in der Anmerkung citirten Werke von Lange den Grundriß von zwei römischen Häusern wieder.

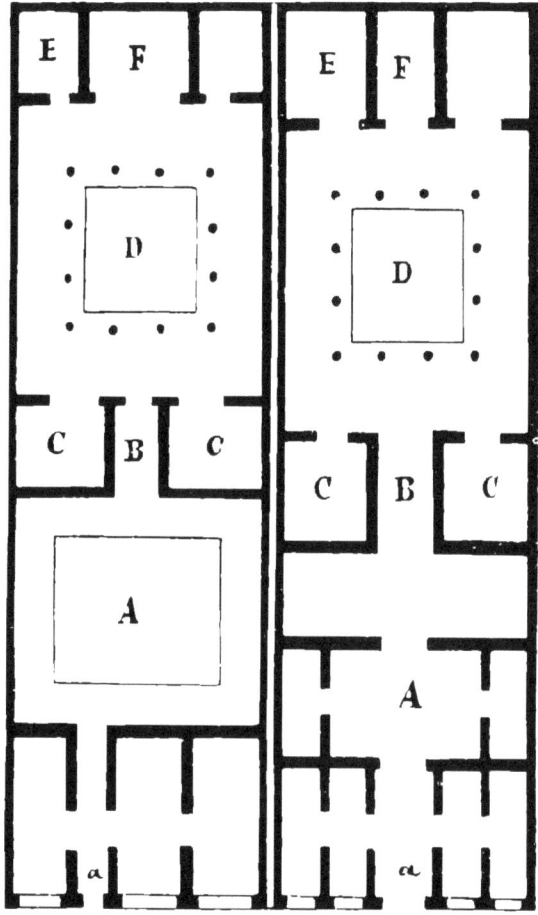

Fig. 2. **Zwei antike römische Wohnhäuser.**

Durch die Hausflur (a) gelangte man in einen ersten Hof, das Atrium (A), von der Straße durch Kaufläden getrennt. Ein Zwischenraum, das Tablinum (B) führte in einen zweiten, mit einer Säulenhalle umgebenen Hof, das Peristyl (D), von welchem aus die Hauptsäle: die Exedra (F), das Speisezimmer (E) und die Prachtzimmer, Oeci (C) zugänglich waren.

Die gleiche Disposition erkennt man auf dem folgenden Grundriß, welcher das Gemeinsame der Wohnhäuser Pompeji's zusammenfaßt; es ist das pompejanische Normalhaus, wie es E. Presuhn in seinem Werke: Pompeji, die neuesten Ausgrabungen (Leipzig, 1882) reconstruirt hat.

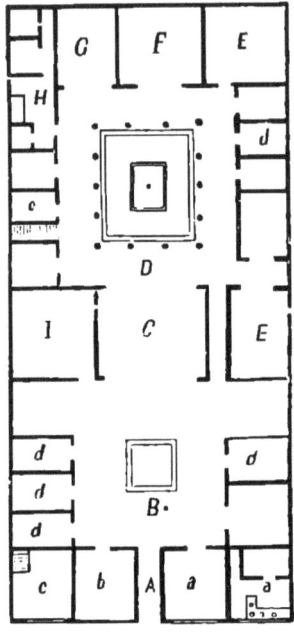

Fig. 3

Grundriß des pompejanischen Normalhauses

nach E. Presuhn.

Der Eingang des Hauses (Ostium A), an dessen beiden Seiten sich Läden oder Werkstätten befinden, die nach der Straße zu offen sind (a, a, c), und neben dem auch der Thürhüter wohnte (in b), führt in's Atrium (B), ringsum von Kammern (Cubicula d d) umgeben. An das obere Ende schließen sich rechts und links zwei Seitenräume an (alae), und eine Thüre führt zur Bibliothek (I). Zwischen dem Atrium und dem zweiten Hof (Peristylium D) liegt der Hauptsaal, das Tablinum (C); um das Peristyl herum die Speisezimmer (Triclinium E E), und die Gesellschaftszimmer (F G); von hieraus gelangte man auch in die Geräthkammern (e) und die Küche (H).

Um die Mitte des dritten Jahrhunderts bestand der römische Klerus außer dem Papste aus 154 Personen, und es gab unter den Brüdern mehr als 1500, welche regelmäßige Unterstützungen von Seiten der Kirche empfingen[1]). Dies setzt eine bedeutende kirchliche Verwaltung voraus. Gewiß hatten nicht alle Kleriker eigene Wohnungen. Die christliche Gemeinde mußte ihnen solche verschaffen; auch von den unterstützten Armen mußte sie wohl Vielen ein Unterkommen besorgen. Ferner mußte sie Vorräthe haben, um diesen zahlreichen Nothleidenden Nahrung und Kleidung zu gewähren. Trefflich eigneten sich für diese verschiedenen Zwecke die Häuser Roms, welche die Kirche besaß. In Antiochien war wahrscheinlich das Haus, aus welchem Paul von Samosata durch die Polizei vertrieben wurde, eine solche „domus ecclesiae". Denn der abgesetzte Bischof wohnte in demselben, und das Haus wird durch Eusebius zugleich einfachhin „ecclesia" (Kirche) genannt, so daß dasselbe wohl außer einem großen Raum für die gottesdienstlichen Versammlungen die nothwendigen Wohnstuben für den Bischof und die Räume für die Armenverwaltung

---

[1]) Brief des P. Cornelius bei Eusebius, Hist. eccl. VI, cap. 43.

enthielt¹). Wir besitzen das Protokoll der Besitzergreifung der Kirche von Cirta durch die Beamten des Fiscus beim Ausbruch der Diocletianischen Verfolgung²). Darin werden unter den vorgefundenen Gegenständen nicht nur liturgische Geräthe und Bücher, sondern auch das Archiv der Kirche, Kleider, Bettzeug und Nahrungsmittel aufgeführt: ein Beweis, daß das Haus der Kirche sowohl als Cultusgebäude als auch zur Wohnung und zur Verwaltung des Armenbureau's verwendet wurde.

In einzelnen Städten, wo die Christen weniger zahlreich waren, oder wo die ihnen gehörigen Häuser sehr große Räume enthielten, mögen solche Cultusgebäude bis zum vierten Jahrhundert ausgereicht haben³). In den großen Städten jedoch mußte noch im Laufe des dritten Jahrhunderts der eigentliche gottesdienstliche Raum eine solche Ausdehnung gewinnen, daß er die meisten Nebenräume verdrängte. Dies konnte geschehen durch Vergrößerung des Versammlungsortes mit Hineinziehung eines Theiles des Hofes, der übrigen Zimmer oder eines an das Haus stoßenden Bauplatzes. Denn da die großen Räume im Erdgeschoß lagen, war es leicht, dieselben zu erweitern. Dies ist keine reine Hypothese; wissen wir doch, daß Constantin directe Befehle gab, die Kirchen zu restauriren, zu vergrößern oder neu aufzubauen⁴). Wurden neue Kirchen gebaut, so richtete man naturgemäß von Anfang an das Hauptaugenmerk auf den Raum für die gottesdienstlichen Versammlungen, und errichtete neben diesem bloß einige wenige Nebenräume zur Aufbewahrung der liturgischen Geräthe und Bücher, zum Aufenthalt für die Katechumenen und wohl zur Wohnung für einen Kleriker, welcher das Gotteshaus bewachte. Nach außen brauchten auch diese eigentlichen Kirchen (dominicum, domus Dei, Haus Gottes) nicht viel anders auszusehen, als ein großes römisches Haus. Der eine innere Hof konnte bleiben,

---

¹) S. oben S. 6.
²) In den Gesta apud Zenophilum bei Migne, Patr. lat., B. VIII, S. 731. S. unten, Abschnitt VI, S. 89, den Text.
³) Eusebius bezeichnet an mehrern andern Stellen noch die liturgischen Gebäude als „Häuser der Kirche" (οἶκους ἐκκλησίων). So sagt er von Kaiser Maximinus (Hist. eccl. IX, 9): „Er befahl bloß, daß wir vor allen Verleumdungen und Nachstellungen geschützt sein sollen; jedoch die Versammlungen zu halten oder Häuser der Kirchen zu errichten oder sonst etwas von dem zu thun, was wir zu thun die Gewohnheit hatten, befahl er keineswegs." Und von Constantius Chlorus rühmt er (a. a. O. VIII, 13), daß er auch die Häuser der Kirchen nicht zerstörte. In der nachconstantinischen Zeit gebrauchte das Concil von Toledo den Ausdruck „domus ecclesiae" von der Wohnung des Bischofs, in welcher die dem Dienste des Altars geweihten Knaben von einem Vorsteher erzogen werden sollen (Concil. Tolet. II, can. 1). Dieses Haus wird häufig in unmittelbarer Nähe der Kathedrale gestanden haben, und so zeigt sich die Loslösung der früher mit dem Versammlungsort unter einem Dache befindlichen kirchlichen Häuser.
⁴) Eusebius, Vita Constantini, II, 46.

und statt des zweiten Hofes und der großen Säle baute man einen großen Raum, der für die Bedürfnisse der liturgischen Feier eingerichtet war, in dessen Hintergrund ein besonderer Platz sich befand zur Aufstellung des Altars und der Sitze für den Bischof und die Priester.

Zur Stütze der Decke waren hier, wie auch häufig in großen Sälen (Basiliken) der römischen Paläste und bei den öffentlichen Hallen, Säulen nothwendig, so daß ein mehrschiffiger Raum mit flacher Decke, die Grundform der Basilika, entstand. Daß jedoch diese vor dem vierten Jahrhundert errichteten Kirchen ähnliche große Basiliken gewesen seien, welche nur einen einzigen Raum enthielten, wie die der constantinischen Zeit, läßt sich nicht beweisen und auch nicht leicht annehmen. Denn wir finden nie bei einem Schriftsteller des zweiten oder dritten Jahrhunderts den Namen „Basilika" für die christlichen Kirchen angewandt. Bloß in den Protokollen über Confiscation der kirchlichen Versammlungsorte in Africa im Anfange des vierten Jahrhunderts, so wie sie uns durch die Geschichte der Donatisten in Africa erhalten sind, kommt der Name Basilika vor: ein Beweis, daß die Versammlungsräume, selbst wenn sie noch mit andern Räumlichkeiten umgeben waren, mehrschiffig waren. Dies ist um so auffälliger, als gleich mit der Zeit Constantins die Bezeichnung „Basilika" kurzweg aufkommt, also gleichzeitig mit den großen Kirchen in Basilikenform, welche dieser Kaiser aufführen ließ. Letzterer Umstand gibt dem eben angeführten Argument aus dem Stillschweigen einiges Gewicht. Es scheint, daß die vorconstantinischen Kirchenbauten, selbst wenn sie einen **mehrschiffigen** Raum als centralen Theil und als eigentliche Cultusstätte enthielten, mit einer Apsis für den Altar und den Klerus und mit Nischen, Exedren oder Nebenräumen für die Aufbewahrung der Opfergaben, des consecrirten Brodes, der liturgischen Gefäße und Bücher, doch nach außen hin nicht als eigentliche Basiliken erschienen und somit den Namen nicht erhielten. Dieses stimmt ganz zu den obigen Ausführungen. Die Cultusgebäude blieben mehr eine domus ecclesiae (Haus der Kirche), eine domus Dei (Haus Gottes), ein dominicum (Gotteshaus), wie die gewöhnlich gebrauchten Bezeichnungen lauteten[1]).

Die Einrichtung des Versammlungsortes der christlichen Gemeinden war durch den Zweck von selbst gegeben. Schon nach der Vorschrift der „Apostolischen Didaskalia" aus der ersten Hälfte des dritten Jahrhunderts[2]) „sollen die Versammlungen schön abgehalten und den Brüdern sorgfältig die Plätze angewiesen werden. Die Presbyter haben ihren Platz im östlichen Theile des Hauses, der Bischof in ihrer Mitte; in der

---

[1]) Vgl. Bingham, Origines, ed Halae 1727, S. 112 ff.
[2]) E. Funk, Die Apostolischen Constitutionen. Rottenburg 1891, S. 32 f.

andern Hälfte des östlichen Theiles (nach den Presbytern) sitzen die Männer, dann kommen die Weiber. Von den Diakonen stehe einer am Altar, der andere zunächst an der Thüre, um die Eintretenden zu beobachten; später aber dienen sie in der Kirche zumal. Alle sollen gesondert stehen oder sitzen: die Jünglinge, die Alten, die Knaben (wenn nicht die Väter und Mütter sie zu sich nehmen), die Mädchen, die jungen und die alten Frauen und die Wittwen, und der Diakon habe dafür zu sorgen, daß Jeder seinen Platz einnehme, sowie daß Niemand schwätze, schlafe oder lache." Auch den Fremden, die ankommen, seien die entsprechenden Plätze anzuweisen. Der fremde Bischof sei zu einer Ansprache und zur Darbringung des Opfers einzuladen, und wenn er mit Rücksicht auf den Bischof der Gemeinde etwa nicht opfern wolle, solle er das Gebet wenigstens über den Kelch sprechen[1]). Der Bischof solle das Volk ermahnen, die Kirche fleißig zu besuchen, die Laien dieser Pflicht am Sonntag mit Hintansetzung alles Uebrigen nachkommen. In dieser Weise konnte in den Kirchen der ersten Jahrhunderte in schöner Ordnung die Liturgie gefeiert werden. Als Platz für den Klerus eignete sich am besten ein halbrunder Ausbau (Apsis), in dessen Hintergrund der Stuhl für den Bischof, an dessen Wänden die Sitze für das Presbyterium standen[2]). Da wir in Sälen des römischen Wohnhauses, besonders in mehrschiffigen, die Apsis bereits vorfinden[3]), so ist kaum zu zweifeln, daß sie auch in manchen christlichen Kirchen des dritten Jahrhunderts angebaut worden sei, falls nicht die Kirche bloß ein Saal war, der schon eine Apsis besaß. Zwischen dem Presbyterium und dem Raume für die Gläubigen stand der Altar. Der häufige Gebrauch des Wortes mensa (Tisch) bei den alten christlichen Schriftstellern beweist, daß derselbe ein wirklicher Tisch und wohl meistens beweglich war[4]). Außer der Kathedra des Bischofs, den Sitzen für die Priester und für das Volk enthielt der Cultusraum ein Lesepult (pulpitum) für den Lector[5]). Die zu den Lesungen nothwendigen Schriften wurden in einem Seitenraum aufbewahrt. Ein anderer barg die zur Aufnahme der Opfergaben der Gläubigen, zur Absonderung des zur Consecration und zur Communion bestimmten Brodes und des Weines bestimmten Gefäße. Gewiß wurden auch in der Kirche oder in einem Nebenraum die übrig gebliebenen Theile von dem consecrirten

---

[1]) Aus dieser Stelle geht hervor, daß in der damaligen Zeit ein Theil der Consecrationsformel durch einen, der andere durch einen zweiten Bischof während der liturgischen Versammlung gesprochen werden konnte.
[2]) Vgl. Kraus, Real-Encyklopädie der christl. Alterthümer, Art. Ambon. I, S. 43 ff.
[3]) Kraus, a. a. O. I, S. 114 f.
[4]) Ueber den Altar s. Schmid, Andr., Der christliche Altar und sein Schmuck. Regensburg 1871.
[5]) Siehe Pontius, Vita Cypriani, c. 16. Cyprian, epist. 38, 39.

Brode aufbewahrt, da sogar die Gläubigen solche mit nach Hause nehmen durften. Vielleicht wohnte der Priester, von dem der h. Dionysius von Alexandrien erzählt, daß er einem Knaben ein kleines Theilchen von der h. Eucharistie gab, um es einem reuigen Abgefallenen zu bringen, da es Nacht und der Priester selbst krank war[1]), in einem Hause der Kirche, in welchem die liturgischen Versammlungen stattfanden, und hatte so von dem consecrirten Brode nahe zur Hand.

Das waren also die geheiligten Orte, an welchen regelmäßig am Sonntag und an einzelnen andern Tagen die Christen zusammenkamen, um gemeinschaftliche Gebete zu verrichten, sowohl für sich selbst als für alle andern auf der Welt. Dort sangen sie Psalmen und Loblieder auf Gott und seinen Sohn Jesus Christus. Und nachdem die Gebete vollendet waren, grüßten sie einander mit einem Kusse. Dann ward dem Vorsteher der Brüder Brod gebracht und ein Becher mit Wasser und Mischung. Er nahm es, sendete Lob und Preis empor zum Vater aller Dinge durch den Namen seines Sohnes und des h. Geistes, und verlängerte das Opfer des Dankes dafür, daß wir dieser Gaben von ihm gewürdigt wurden. Waren die eucharistischen Gebete zu Ende, so stimmte das ganze Volk ein, indem es „Amen" sprach. Dann reichten die Diakonen jedem der Anwesenden von dem eucharistischen Brode und dem wasservermischten Weine dar und brachten den Abwesenden davon. Und sie waren belehrt, daß diese durch Gebet mit seinem eigenen Worte gesegnete Speise, von der ihr Blut und Fleisch in Folge von Umwandelung genährt wurde, das Fleisch sowohl als das Blut jenes fleischgewordenen Jesus selbst sei[2]).

---

[1]) Eusebius, Hist. eccl. VI, cap. 44.
[2]) Justinus, Apologia I, cap. 65—66; ed. Otto, S. 236—268.

II.

Die Cömeterialkirchen in der vorconstantinischen Zeit.

Die Räume, in welchen die ganze christliche Gemeinde, um den Bischof und dessen Presbyterium geschaart, die regelmäßigen liturgischen Versammlungen feierte, waren nicht die einzigen Cultusstätten in den ersten Jahrhunderten der Kirche. Von den ältesten Zeiten an war nämlich die Beisetzung der sterblichen Ueberreste hingeschiedener Christen mit Gebet und Recitation von Psalmen begleitet; am Tage des Begräbnisses und dann jährlich an demselben Tage wurde die h. Eucharistie durch einen Priester unter Beiwohnung der Familie gefeiert; an der Beisetzung eines Martyrers und an der jährlichen Feier seines Todestages betheiligten sich zahlreiche Mitglieder der christlichen Gemeinde, so daß die Jahrestage der berühmtesten Glaubenszeugen zu Festtagen für die Gemeinde wurden. Bei Gelegenheit des Begräbnisses und der Feier der Anniversarien lud man die Armen zu einem Mahle ein, welches Todten-Liebesmahl (agape funebris) genannt wurde [1]). Alle diese Feierlichkeiten, welche ursprünglich einen mehr privaten Charakter hatten, fanden nicht in den Gotteshäusern statt, sondern in eigenen Räumlichkeiten, welche auf den Begräbnißstätten lagen. Durch die regelmäßige Feier dieser Cultusversammlungen, welche sich an die Beisetzung und die Feier des Andenkens der Verstorbenen, vor allem der Martyrer, knüpften, wurden auch diese Orte auf den Friedhöfen zu Cultusstätten; ich bezeichne dieselben deshalb im Allgemeinen mit dem Namen Cömeterialkirchen. Als solche müssen wir zunächst eine Anzahl unterirdischer, sehr geräumiger Krypten römischer Katakomben ansehen, die ursprünglich nicht sowohl zur Aufnahme von Grabstätten, denn vielmehr als Versammlungsorte angelegt waren. Solche unterirdische Cömeterialkirchen wurden durch de Rossi erkannt in der Katakombe des Callixtus und dem coemeterium Ostrianum [2]). Dieselben bestehen meistens aus zwei gegenüberliegenden Kammern, je eine an jeder Seite eines Ganges. Das schönste Beispiel ist eine von P. Marchi [3]) zuerst veröffentlichte Anlage des coemeterium Ostrianum.

---

[1]) Vgl. besonders de Rossi, Roma sotterranea, B. III, S. 488 ff. Real-Encyklopädie der christl. Alterthümer von Kraus, Art. Todtenbestattung und Agapen.

[2]) Siehe de Rossi, Roma sotterranea, B. III, S. 478—488.

[3]) Monumenti delle arti cristiane primitive nella metropoli del cristianesimo. Roma 1844, tav. 35. Abbildung u. A. bei Kraus, Real-Encyklopädie I, S. 116.

(S. Fig. 4.) Die ganze Disposition deutet von selbst darauf hin, daß hier liturgische Versammlungen abgehalten wurden. Auch große unterirdische Grabanlagen, wie z. B. diejenige in der Katakombe der Priscilla, wo sich die sogenannte Capella greca (wegen der griechischen Inschriften so genannt) befindet, konnten bequem zur Vornahme der Todtenliturgie benutzt werden [1]).

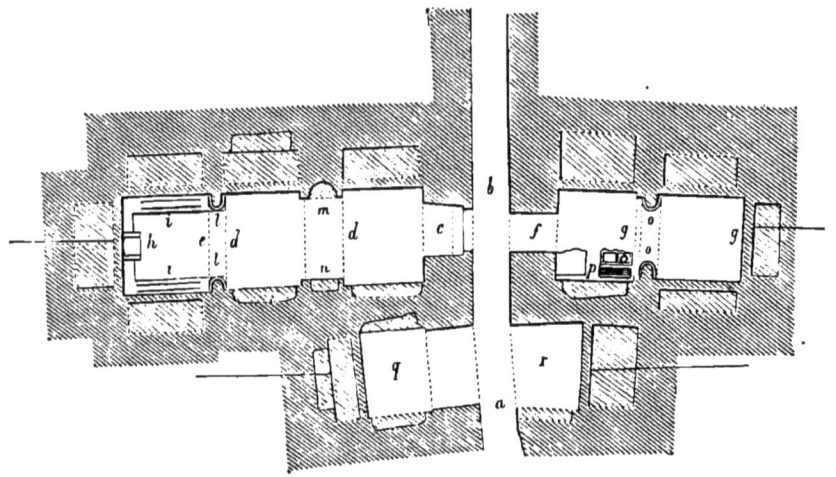

Fig. 4. **Unterirdische Cömeterialkirche im Cömeterium Ostrianum an der Via Nomentana zu Rom.** (Kraus, Real-Encyklopädie.)

Diese Figur gibt den Grundriß dieses unterirdischen Versammlungsortes: a b bezeichnen den zu demselben führenden Gang, c d f g vier mit einander durch weite Oeffnungen verbundene Krypten, den Raum für die Gläubigen; e eine niedrigere Krypta, welche der Bischofssitz h und die Sitze für die Priester i, aus dem Tuff gehauen, als Priesterraum kennzeichnen.

Daß es in der That sehr wohl möglich war, in diesen unterirdischen Cömeterialkirchen und Grabstätten liturgische Versammlungen zu feiern, wenn die Zahl der Theilnehmer nicht zu groß war, beweist die vor mehrern Jahren in Rom gegründete Gesellschaft für die Verehrung der Martyrer (Collegium cultorum martyrum), welche regelmäßig während der Wintermonate in den größern Krypten der Katakomben die h. Messe feiern läßt. Selbst in Zeiten der Ruhe für die Kirche mögen Begräbnißfeierlichkeiten bisweilen in denselben stattgefunden haben; besonders aber boten diese den Blicken der Heiden entzogenen Räume während der Verfolgungen im dritten Jahrhundert den Christen die Gelegen-

---

[1]) De Rossi, Bullettino 1884—85, tav. VII—VIII.

heit, die Martyrer und Verstorbenen unter Beobachtung der gewöhnlichen Feierlichkeiten beizusetzen. Ferner hielten in den Krypten, wo die glorreichen Leiber der Blutzeugen ruhten, an deren jährlichem Gedächtnißtag die Gläubigen private Andachtsübungen, um Jenen ihre Verehrung zu bezeigen, wenn auch die öffentliche Feier in den oberirdischen Cömeterialkirchen stattfand. Selbst der regelmäßige liturgische Gottesdienst, welcher in den Gotteshäusern innerhalb der Stadt gefeiert wurde, konnte zur Zeit der Verfolgungen, wenn die Versammlungen an andern Orten unmöglich waren, im Schutze der Dunkelheit der Katakomben hier abgehalten werden[1]). Dies waren jedoch Ausnahmen. Regelmäßig waren die unterirdischen Cömeterialkirchen nur Orte, wo die Gläubigen ihre

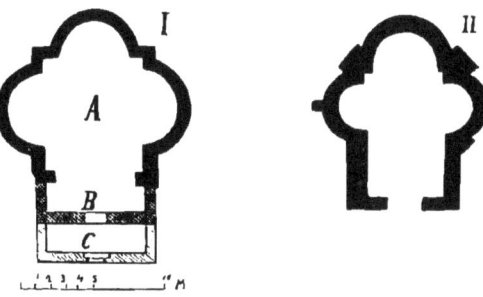

Fig. 5. Zwei Cömeterialkirchen über der Callixtus-Katakombe.

Privatandacht pflegten, sei es durch Verehrung der dort beigesetzten Martyrer, sei es durch Besuch der Gräber ihrer Angehörigen, für deren Seelenruhe sie dort jene Gebete zu Gott und den Heiligen emporsandten, deren innige Formeln wir bisweilen auf den Grabschriften jener Zeit lesen. Die Todtenliturgie selbst wurde in den gewöhnlichen Zeiten in eigenen Gebäuden abgehalten, welche über den Katakomben, und bei oberirdischen Cömeterien mitten unter den Grabstätten errichtet waren.

Die Form dieser oberirdischen Cömeterialkirchen (cellae) war sehr verschieden, wie die uns erhaltenen Monumente beweisen. Man hat zwei solche in dem Felde (area) über der Katakombe des Callixtus aufgefunden, die in ihrem Grundriß große Aehnlichkeit zeigen. (S. Fig. 5.) Die eine, später dem h. Sixtus und der h. Cäcilia geweiht (I), bildete einen viereckigen, nach der Vorderseite offenen Raum[2]) mit drei halb-

---

[1]) Roma sotterranea, III, S. 480 ff.
[2]) Die Verlängerungen B und C sind spätern Datums.

runden Ausbauten (cella trichora). die andere (II) hat die Gestalt eines länglichen Vierecks, ist vollständig geschlossen und hat an der dem Eingange entgegengesetzten Seite ebenfalls drei Apsiden; sie erhob sich über der Gruft der h. Soteris, und trug ihren Namen. Der letztern ganz ähnlich ist die älteste Cella über der Grabstätte der h. Symphorosa an der Straße nach Tivoli, an welche im vierten Jahrhundert eine große dreischiffige Basilika in der Weise angebaut wurde, daß die Hauptapsis der alten cella trichora mit der Apsis der neuen Kirche zusammenstieß und beide Räume durch Oeffnungen mit einander verbunden wurden[1]).

Verschieden von diesen ist die Cömeterialkirche neben dem Portal eines der ältesten Theile der Domitilla-Katakombe, von der die nebenstehende Abbildung den Grundriß bietet. Dieselbe besteht aus einem länglich viereckigen, mit einem Gewölbe überdeckten Raum (C), ohne Apsis oder Exedra, welcher an die rechte Seite der ältern Eingangshalle (A) angebaut wurde. Noch sind Spuren der Bemalung erhalten, und an den Wänden entlang läuft eine Bank aus Mauerwerk mit Stuck bekleidet. An der gegenüberliegenden Seite der Eingangshalle liegt ein kleinerer Raum (D), in welchem sich ein Brunnen befindet. Wahrscheinlich gehörte derselbe zur Wohnung des Hüters der Katakombe (custos monumenti). welche mit dem Saale für die Versammlungen (der schola) und dem ältern Portal ein Gebäude ausmachte[2]). Aus A gelangt man in die Galerien der Katakombe (B); die Zahlen 1 und 2 bezeichnen zwei Grabkammern.

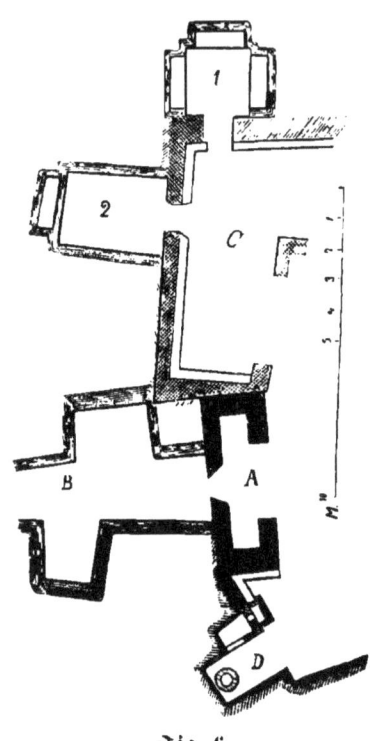

Fig. 6.
Antiker Eingang zu einem Theile der Domitilla-Katakombe mit darangebautem Versammlungsraum (schola).

---

[1]) Siehe de Rossi, Bullettino 1878, S. 79 ff., und die dazu gehörige Abbildung. — Stevenson, Scoperta della basilica di s. Sinforosa e dei suoi sette figli. Roma 1878. — Der Grundriß der Bauten wurde vielfach reproducirt, z. B. bei Kraus, Real-Encyklopädie I, S. 148. S. Seite 55 unten.

[2]) Bullettino di arch. crist., 1865, S. 35.

Durch die jüngsten Ausgrabungen über der Katakombe der Priscilla an der Salarischen Straße wurde eine der dortigen Cömeterialkirchen, in welcher Papst Sylvester beigesetzt war und die auch unter ihm erbaut

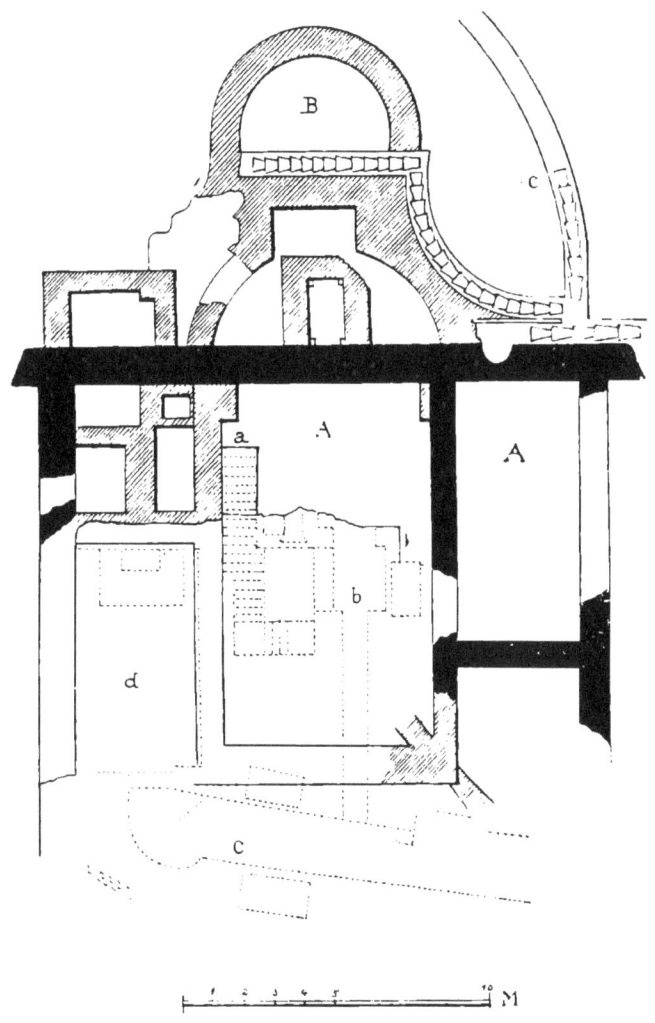

Fig. 7. **Basilika des H. Sylvester über der Priscilla-Katakombe.**
(Nach de Rossi.)

wurde, aufgedeckt[1]). (S. Fig. 7.) Die Untersuchung der Ueberreste ergab, daß man in den Bau mehrere ältere Räume hineingezogen hatte, die

[1] Bullettino 1890, S. 97 ff.

etwas tiefer lagen als der Boden der Basilika des vierten Jahrhunderts, und deren Fundamente und antike Fußböden man aufdeckte (A, A). Das Mauerwerk wies auf die Blüthe der Baukunst in Rom unter den Kaisern des ersten und zweiten Jahrhunderts hin. Ein Abflußcanal für Regenwasser (C) führte von dem Gebäude in ein darunter gelegenes großes Reservoir (d). Und da dieses in die Grabanlage der edeln christlichen Familie der Acilii Glabriones, die an der Stelle unter der Erde angelegt wurde (c), mit hineingezogen und in eine herrlich geschmückte Gruft, wahrscheinlich für den Consul-Martyrer Acilius Glabrio aus der Zeit des Domitian, umgewandelt ward, kann kein Zweifel darüber bestehen, daß diese Räume zur Gartenanlage der Acilii gehörten, unter welcher die Familiengruft, die einen Theil der Katakombe der Priscilla bildet, sich befand [1]). Die durch Sylvester im Anfange des 4. Jahrhunderts erbaute Basilika (A, A, B) ist somit nur eine Erweiterung des alten Hauses der Villa (domus rustica oder praetorium). Es ist deshalb nicht zu bezweifeln, daß dieses im zweiten und dritten Jahrhundert die Cömeterialkirche der Katakombe der Glabriones, des Cömeteriums Priscillae, bildete. In ähnlicher Weise wie die Häuser reicher christlicher Familien innerhalb der Stadt zu liturgischen Versammlungsorten wurden, wandelte man die passenden Räume dieses Villahauses in eine Cella zur Abhaltung der Begräbnißfeier und der Jahrgedächtnisse um für diejenigen, welche in den Grüften der Katakombe beigesetzt worden waren, deren dunkele Gänge und Krypten sich unter den daranstoßenden Theilen des Gartens ausdehnten. Vor allem wurden die Gedächtnißfeiern für die verstorbenen Mitglieder der Familie selbst begangen, die dort ruhten, und die auch ihren ärmern Brüdern im Glauben neben sich eine Ruhestätte bereiteten. Hier feierte man auch die Feste der zahlreichen in der Katakombe beigesetzten Martyrer und der beiden Päpste Marcellinus und Marcellus, die ebenfalls dort ihre Grabstätte erhalten hatten.

Auf den oberirdischen Grabanlagen erhoben sich von Anfang an die Cömeterialkirchen mitten unter den Mausoleen und Gräbern der verschiedensten Form. Eine für die Geschichte dieser Friedhöfe sehr wichtige Inschrift aus Cherchel in Africa erwähnt ausdrücklich die auf einem solchen errichtete Cella. Der unser Thema berührende Theil derselben lautet:
AREAM AT SEPVLCRA CVLTOR VERBI CONTVLI ET CELLAM STRVXIT SVIS CVNCTIS SVMPTIBVS ECLESIAE SANCTAE HANC RELIQVIT MEMORIAM SALVETE FRATRES PVRO CORDE ET SIMPLICI EVELPIVS VOS SATOS SANCTO SPIRITV.

---
[1]) Die punktirten Linien geben die unterirdischen Gänge mit der von der Kirche aus dazu führenden Treppe (a) an; die ganz schwarzen Linien bilden den Grundriß der Theile des alten Hauses.

„Dieses Feld zu Grabstätten hat ein Verehrer des Wortes (Gottes) hergegeben und die Cella ganz auf seine Kosten errichtet; er hinterläßt der heiligen Kirche diese Grabanlage. Seid gegrüßt, Brüder, aus reinem und einfachem Herzen, Euelpius grüßt euch, die ihr aus dem heiligen Geiste geboren seid"[1].

Auch in Africa hatten diese Cömeterialkirchen häufig die Gestalt von Oratorien mit drei Apsiden, ähnlich den oben beschriebenen der römischen Cömeterien. Man hat in der Nähe von Karthago einen oberirdischen Friedhof, der mit einer Mauer umschlossen war, aufgedeckt[2]. Im Hintergrund der Säulenhalle, welche sich an der halbkreisförmigen Umfassungsmauer hinzieht, lag die alte Cömeterialkirche, ein viereckiger mit drei halbrunden Ausbauten, von denen jede einst einen Sarg enthielt. Hier ruhten offenbar die Ueberreste von Martyrern, und Grab in der mittlern Apsis bildete den Altar.

Auf dem Cömeterium von „Manastirine" zu Salona in Da... fanden sich drei Mausoleen mit halbkreisförmigem Abschluß, we..., a.. zwei Seiten der ursprünglichen Area angebaut waren und aus dem zweiten und dritten Jahrhundert stammen[3]. Zwei derselben zeigen noch die Unterbauten von je einem, das dritte solche von drei Sarkophagen. Jelic vermuthet, daß in denselben Martyrer ruhten, weil die Sarkophage schon frühe von hier erhoben wurden, wohl um in die später erbaute große Basilika übertragen zu werden. Jedenfalls boten diese Cellae einen hinlänglichen und passenden Raum zur Feier der Todtenliturgie, zu der sie ohne Zweifel benutzt wurden.

In diesen Cömeterialkirchen wurden die Psalmen und Gebete gesprochen, bevor die Leichen der Verstorbenen in das in der Nähe befindliche Grab gebettet wurden. Hier feierte man die „oblatio pro defunctis", das eucharistische Opfer für die Seelenruhe der Verstorbenen, sowohl bei dem Begräbniß als an dem Jahrestage der Beisetzung. In ihnen hielten bei dieser Gelegenheit die Angehörigen des Verstorbenen mit den Klerikern, welche die Ceremonien leiteten oder vornahmen, und mit den armen Brüdern das Todtenliebesmahl. Alles dieses war umgeben von besonderer Feierlichkeit, getragen von Gedanken der Freude und des Triumphes, wenn die Feier einem Martyrer galt. Zahlreicher als sonst betheiligten sich die Gläubigen; der Bischof selbst mag wohl, wenn es galt, das Gedächtniß eines hervorragenden Glaubenshelden zu begehen, die liturgische Versammlung geleitet haben. Die Gebete, welche

---

[1] De Rossi, Bullettino 1864, S. 28. — [2] Bullettino 1885, S. 46—49.
[3] Jelic, Das Cömeterium von Manastirine zu Salona, in der „Römischen Quartalschrift für christl. Alterthumskunde und für Kirchengeschichte" 1891. Siehe die Abbildung auf S. 47.

dabei gesprochen wurden, trugen einen andern Charakter, als wenn es sich um gewöhnliche Abgestorbene handelte. Ein altes Gebetsformular[1]) drückt dies in trefflicher Weise aus, indem es sagt: „Sanctorum tuorum nos gloriosa merita ne in poena(m) veniamus excusent; defunctorum fidelium animae quae beatitudinem (sic) gaudent nobis opr̃ tulentur; quae consolatione indigent ecclesiae precibus absolvantur." „Die glorreichen Verdienste Deiner Heiligen mögen unsere Schuld wegnehmen, damit wir nicht der Strafe verfallen; die Seelen der verstorbenen Gläubigen, welche der Seligkeit sich freuen, mögen uns zu Hülfe kommen, diejenigen, welche des Trostes bedürfen, mögen durch die Gebete der Kirche freigesprochen werden." Das war der Inhalt der Gebete, welche an den jährlichen Gedächtnißtagen für die verstorbenen Brüder während des eucharistischen Opfers an Gott gerichtet wurden.

Vor und nach der gemeinschaftlichen Feier in den Cömeterialkirchen begaben sich die Gläubigen, falls nicht das Grab des Martyrers in der Kirche selbst sich befand, wie es bei oberirdischen Cömeterien wohl meistens der Fall war, zu dem Grabe selbst, um dort ihre Andacht zu verrichten. Vielleicht wurde hier schon in der vorconstantinischen Zeit, wie es jedenfalls später geschah, außer der feierlichen Liturgie in der Cella (missa publica), am Grabe selbst durch Priester in mehr privater Weise das h. Opfer dargebracht (missa ad corpus); jedoch haben wir kein positives Zeugniß dafür aus den drei ersten Jahrhunderten. Auch an andern Tagen außer dem Gedächtnißtage wurden die Martyrergräber besucht von den Gläubigen, welche den h. Blutzeugen ihre Verehrung bezeigen und deren Fürbitte anrufen wollten. Deshalb sehen wir, daß schon vor dem vierten Jahrhundert in den Katakomben die Martyrer entweder in größern Krypten beigesetzt wurden, oder daß man, wo dies nicht der Fall war, später den Raum um das Grab herum vergrößerte, um Platz zu schaffen für die frommen Verehrer der Glaubenshelden[2]). So kam es von selbst, daß die Cömeterialkirchen die Namen eines oder mehrerer berühmter und besonders verehrter Martyrer erhielten, welche in denselben oder in der darunter liegenden Katakombe beigesetzt waren. Die cella coemeterialis wurde eine einem Martyrer geweihte Kirche, welche von den Gläubigen besucht ward, um das Andenken des Martyrers zu feiern.

Es ist für das Verständniß der Geschichte der christlichen Cultusgebäude von größter Wichtigkeit, den Unterschied genau festzuhalten zwischen den Gotteshäusern in der Stadt, in welchen die sonntägliche Liturgie durch den Bischof unter Assistenz des Presbyteriums und der

---

[1]) Mone, Lateinische und griechische Messen. S. 22.
[2]) Vgl. de Rossi, Bullettino 1878, S. 128 ff.

übrigen Kleriker und unter Theilnahme der ganzen C
wurde, und zwischen den Cömeterialkirchen über oder auf de
zur Vornahme der Todtenliturgie, welche gewöhnlich bloß d .en
Priester und einige Kleriker in Gegenwart kleinerer oder größer ru
pen von Gläubigen abgehalten wurde, und an welche sich in d
angeführten Weise die Verehrung der Martyrergräber knüpfte.
der folgenden zweiten Periode des Alterthums ist dieser Unter
großer Bedeutung.

III.

Die Stadtkirchen von der Zeit Constantin's des Großen bis zum Schlusse des christlichen Alterthums.

Einen mächtigen Anstoß erhielt die Entwickelung der christlichen Cultusstätten durch die Wendung der Weltgeschichte unter Constantin dem Großen. Bald nach dem Siege über Maxentius an der Milvischen Brücke bei Rom und nach der Niederwerfung des Maximinus durch Licinius im Orient erhielten die Christen im ganzen Römer-Reiche vollständige Religionsfreiheit. Constantin selbst wurde Christ und machte kein Hehl aus seiner Absicht, besonders nachdem er durch den Sieg über Licinius Alleinherrscher des ganzen Reiches geworden war, das Römer-Reich zu christianisiren. Nun konnten die Christen in voller Freiheit die Verwüstungen, welche die Verfolgung Diocletian's angerichtet hatte, wieder gut machen. Der gesammte kirchliche Besitz an Gotteshäusern, Grabstätten mit ihren Cömeterialkirchen und an Immobilien jeder Art kam an die christlichen Gemeinden zurück. Die in der Verfolgung nicht zerstörten Kirchen wurden wieder eröffnet; die rasche Ausbreitung des christlichen Glaubens unter der Bevölkerung der Städte und bald auch unter den Landbewohnern machte den Bau neuer Kirchen zur Abhaltung des feierlichen Gottesdienstes nothwendig. Zugleich veranlaßte die hohe Verehrung gegen die Martyrer und das Bedürfniß, für die zahlreichen frommen Besucher ihrer Ruhestätten den nöthigen Raum herzustellen, die Errichtung vieler, oft prächtiger und gewaltiger Cömeterialkirchen über ihren Gräbern oder in möglichster Nähe derselben. Diese Kirchen erhielten naturgemäß den Namen des Martyrers, dem zu Ehren sie erbaut waren. Dann gab es auch innerhalb der Städte Oertlichkeiten, an welche das Andenken eines Martyrers geknüpft und durch

e stete Tradition festgehalten worden war: die Wohnung, welche er
i Lebzeiten inne gehabt, das Gefängniß, in dem er geschmachtet hatte,
r Ort der Hinrichtung. Auch an diesen Stätten wurden Kirchen und
ratorien erbaut, welche den Namen des betreffenden Martyrers trugen,
d welche von den Gläubigen besucht wurden, um denselben zu ver-
ren. Diese oft geräumigen Kirchen wurden ebenfalls häufig als
otteshäuser für die regelmäßige liturgische Feier benutzt. Bald ging
an noch weiter, indem man Kirchen erbaute zu Ehren von Heiligen
 Stellen, die in gar keiner localen Beziehung zu denselben standen,
ndern nur als Ausdruck besonderer Verehrung, und vorzüglich, um
eliquien in den Altar einzuschließen. Dadurch wurde dieser gleich dem
rabe des Martyrers selbst eine memoria des Heiligen, die Kirche eine
Rartyrerkirche (μαρτύριον), als ob sie über der Ruhestätte errichtet
äre. So kam es, daß bald weder in den Städten noch in den christlich
ewordenen Flecken und Dörfern eine Kirche erbaut wurde, welche nicht
en Namen eines Heiligen trug. Man suchte so viel als möglich Reliquien zum Einschließen in den Altar bei der Consecration zu erhalten;
die Heiligenkirchen wurden ebenso zahlreich und bald zahlreicher als die
bloß zu liturgischen Versammlungen bestimmten Gotteshäuser, und gegen
Ende des Alterthums konnte man sich nicht leicht eine Kirche denken,
welche nicht Reliquien enthielt: der Gebrauch brachte das Gesetz, keinen
Altar ohne Reliquien zu errichten. Sehen wir, in welcher Weise diese
Entwickelung im Einzelnen vor sich ging, wobei wir die Bauformen der
verschiedenen Arten von Kirchen ebenfalls berücksichtigen werden.

Was zunächst die als liturgische Versammlungsorte bestimmten
Gotteshäuser betrifft, so knüpfte die Constantinische Zeit an die der
Diocletianischen Verfolgung vorausgehende direct an, indem sie bloß, den
neuen Verhältnissen entsprechend, hauptsächlich große und reich ausgestattete Versammlungsräume schuf. Die für die übrigen Bedürfnisse
der kirchlichen Verwaltung nothwendigen Gebäude wurden meist von dem
Kirchenbau getrennt. Der Klerus hatte eigene Wohnungen; für die Armenpflege und Aufnahme der Pilger wurden eigene Hospizien (in Rom
diaconiae genannt) errichtet. Das Gotteshaus behielt als Vorhof das
Atrium des römischen Hauses, mit Säulenhallen umgeben, bei; das
Innere erhielt bei größern Anlagen fast regelmäßig die Gestalt eines
drei- oder fünfschiffigen Langhauses, an welches, dem Eingange gegenüber, die Apsis, bisweilen durch ein Querschiff mit dem Langhaus verbunden, und neben ihr die für die Aufbewahrung der zum Gottesdienste
nothwendigen Sachen dienenden Räume in Form von kleinen Apsiden
(exedrae) oder viereckigen Anbauten sich anschlossen.

Durch die historischen Schriften des Eusebius erfahren wir, mit wie großer Freigebigkeit Kaiser Constantin selbst den Bau christlicher Gotteshäuser unterstützte. In Jerusalem über dem h. Grabe Christi, in Antiochien, Nicomedien, Mamre, Heliopolis in Phrygien und Constantinopel ließ er Gotteshäuser errichten; seine fromme Mutter, die heilige Helena, erbaute Kirchen über der Geburtsstätte des Heilandes zu Bethlehem und an der Stelle der Himmelfahrt Christi auf dem Oelberg [1]). Diese Heiligthümer, welche die Stätten einschlossen, welche unser göttlicher Erlöser durch sein Leben und seinen Tod geheiligt hatte, haben ebenfalls den Charakter von „Martyrien" im weitern Sinne, nämlich von Kirchen, die nicht in erster Linie als Versammlungsorte gedacht waren, sondern vielmehr als Monumente der Verehrung gegen jene heiligen Stätten. Da dieselben jedoch dem Heilande selbst geweiht waren, wollen wir dieselben in diesem Abschnitt berücksichtigen.

In dem Briefe an den Bischof Makarius von Jerusalem trägt Constantin diesem auf, dafür zu sorgen, „daß nicht bloß eine Basilika ($\beta\alpha\sigma\iota\lambda\iota\kappa\eta$) entstehe, welche schöner sei als alle irgendwo bestehenden, sondern daß auch das Uebrige, nämlich die Einrichtung, derart gestaltet werde, daß alle Prachtbauten anderer Städte von diesem Gebäude übertroffen werden" [2]). Für die innere Ausschmückung will der Kaiser liefern, was der Bischof hinsichtlich der Säulen und der Marmor-Arten sowie für die Herstellung der Decke aus Cassettenwerk mit reicher Vergoldung oder in anderer Weise für das Schönste und Nützlichste hält. Eusebius gibt dann eine Beschreibung der Kirche des h. Grabes, welche jedoch erst seit der Entdeckung der „Pilgerfahrt der h. Sylvia von Aquitanien" aus dem Ende des vierten Jahrhunderts im Einzelnen verständlich geworden ist [3]). Die großartige Bauanlage auf dem Golgatha-Hügel, der Stätte des Leidens und der glorreichen Auferstehung des Heilandes, aus drei verschiedenen Heiligthümern bestehend, umfaßte zunächst die Kirche der Auferstehung (Anastasis), in welcher sich das heilige Grab befand. Vor derselben dehnte sich ein großer, ringsum mit Säulen umgebener Hof aus (von der Pilgerin „ante crucem", vor dem Kreuze, genannt), durch welchen man in eine kleinere Kirche gelangte (post crucem, hinter dem Kreuze), in welcher das wahre Kreuz des Herrn und andere Reliquien aufbewahrt wurden, die am Charfreitag der Verehrung der Gläubigen ausgestellt wurden. Neben dieser Kirche, ebenfalls post crucem, lag eine große, von Eusebius als fünfschiffig beschriebene Basilika („Martyrium" nennt sie die Pilgerin), in welcher

---

[1]) Eusebius, Vita Constantini, III, 30—58. IV, 58—60.
[2]) Vita Constantini, III, 31.
[3]) Peregrinatio s. Sylviae, ed. Gamurrini (Biblioteca dell' Accademia storica-giuridica, t. IV.) Roma 1887.

jeden Sonntag und an Festtagen, an welchen die Versammlung zahlreich war, der Gottesdienst abgehalten wurde. Diese Basilika war demnach der gewöhnliche Versammlungsort der Gläubigen in Jerusalem [1]).

Erwähnen wir gleich hier, daß außer der Grabkirche mehrere andere Kirchen in und bei Jerusalem in der Peregrinatio der Sylvia erwähnt werden: nämlich zuerst die Kirche auf dem Berge Sion, welche vor den constantinischen Bauten bestand, als Versammlungsort für die Gläubigen, später jedoch weniger benutzt wurde. Dann zwei Kirchen auf dem Oelberg: die eine (Eleona) über einer Höhle erbaut, in welcher nach der Tradition der Erlöser häufig seine Jünger um sich versammelte, um sie über das Reich Gottes zu belehren; die andere (Imbomon), auf der Höhe des Oelberges gelegen, bezeichnete den Ort, von wo aus der Heiland in den Himmel hinaufstieg. Jenseits des Oelberges, in Bethanien, befand sich eine Kirche an der Stelle, wo das Haus des Lazarus gestanden hatte (Lazarium). Einige kleinere Kapellen lagen zerstreut auf dem Wege zwischen Jerusalem und Bethanien und bei dem Orte Gethsemani. Endlich wird auch die durch Helena erbaute Basilika von Bethlehem erwähnt, in welcher zwei Mal im Jahre die Gläubigen von Jerusalem feierlichen Gottesdienst hatten.

Die herrlich ausgestattete Kirche in Constantinopel, in welcher Constantin seine Grabstätte zu wählen beabsichtigte, war den zwölf Aposteln geweiht (Vita Const. IV, 58—60). Besondere Erwähnung verdient die Kirche in Antiochien (Vita Const. III, 50), weil sie einen Centralbau bildete mit achteckigem Grundriß, von verschiedenen Prachträumen, runden Exedren und auf allen Seiten von Unter- und Obergeschossen umgeben. Wir haben uns dieselbe ähnlich zu denken, wie die ebenfalls concentrische Anlage von San Vitale in Ravenna und derartige Centralbauten [2]).

Durch Eusebius und seine Fortsetzer erfahren wir noch von zahlreichen andern Neubauten christlicher Basiliken im Laufe des vierten Jahrhunderts [3]). Jedoch enthalten die Angaben keine Einzelheiten über die Bauten mit Ausnahme der wichtigen und ausführlichen Beschreibung, welche Eusebius selbst in der Festrede bei Einweihung der Basilica von Tyrus von dieser gibt. Danach bildete diese ein dreischiffiges Langhaus, in dessen Inneres drei Thore Zugang gewährten. Dem Eingang gegenüber lag die Apsis, vor welcher der Altar stand und in deren Hinter-

---

[1]) Nach dieser Beschreibung sind die ältern, bloß auf Eusebius fußenden, zu berichtigen. Vergl. Macpherson, The church of the Resurrection or of the Holy Sepulcre. In der Engl. histor. Review, 1892, S. 417—436, 669—684.

[2]) S. Kraus, Real-Encyklopädie I, S. 203.

[3]) S. Holtzinger, Die christliche Basilika in ihrer Entwicklung und Beziehung zur Antike, S. 15 ff.

grund der bischöfliche Stuhl mit den an den Wänden entlang im Halbkreise sich hinziehenden Sitzen für die Priester sich befanden. Schranken schlossen diesen Raum gegen das Schiff hin ab. Vor der Façade des Gebäudes dehnte sich ein viereckiges Atrium aus, welches mit Säulenhallen umgeben war; die einzelnen Säulen waren durch hölzerne Balustraden verbunden, doch jedenfalls so, daß man vom Vorplatze her und aus dem Atrium zur Kirche hin ungehindert hindurchschreiten konnte. Ein mit einer Mauer umgebener Hof umgab das Ganze; in demselben lagen mehrere Nebenräume (oeci, exedrae), welche gewiß, zum Theile wenigstens, durch Thüren von der Kirche aus zugänglich waren, da in ihnen offenbar die zum h. Opfer nothwendigen liturgischen Gegenstände aufbewahrt wurden. In andern von diesen Räumen wohnten vielleicht Kleriker als Wächter des Gebäudes. Solche werden nämlich ausdrücklich erwähnt in der kurzen Beschreibung, welche Eusebius (Vita Const. IV, 58—60) von der Apostelkirche in Constantinopel gibt. „Um den Tempel herum," heißt es, „dehnte sich ein sehr großer Hof aus unter freiem Himmel, an dessen vier Seiten Säulenhallen sich hinzogen, die den Hof mit dem Tempel in der Mitte umschlossen. An den Hallen entlang lagen Prachträume für den Kaiser, Bäder und Erholungsorte, sowie viele andere Räume, für die Wächter dieses Ortes sorgfältig hergerichtet."

※

Nicht minder eifrig als im Orient war die Bauthätigkeit in der Constantinischen Zeit im Abendlande. Auch hier „erstanden alle vor kurzem durch die Gottlosigkeit der Tyrannen zerstörten Orte wie aus einem langen, todbringenden Falle; die Tempel wurden wiederum von Grund aus zu einer erstaunlichen Höhe aufgebaut, und erhielten eine viel größere Pracht als die früher zerstörten"[1]). „In allen Städten fanden Erneuerungsfeste und Einweihungen der so eben neu erbauten Bethäuser statt"[2]). Der Liber Pontificalis berichtet über die von den Päpsten in Rom errichteten Basiliken. Im Einzelnen dieselben aufzuzählen, wäre nutzlos, da diese Neubauten sich fast alle glichen: sie waren meistens nach dem basilikalen Schema erbaut. Dieses kam auch bei Umbauten und Erweiterungen der alten Gotteshäuser häufig in Anwendung, wie ein Vergleich der heutigen Gestalt römischer Titelkirchen aus dem vierten und den folgenden Jahrhunderten, die theilweise an Stelle der Versammlungsorte der vorhergehenden Periode stehen, mit den uns im

---

[1]) Eusebius, hist. eccl. X, c. 2.
[2]) Ebenda, c. 3.

Liber Pontificalis erhaltenen Nachrichten über die innere Ausschmückung beweist ¹).

Sehen wir uns lieber die alte Kirche von San Clemente, welche unter der jetzigen aus dem Mittelalter stammenden liegt, etwas näher an, weil sie sicher der ersten Hälfte des vierten Jahrhunderts, wahrscheinlich der Constantinischen Zeit, angehört, und weil bei keiner römischen Stadtkirche aus jener Epoche sich die ursprüngliche Anlage so klar erkennen läßt (Figur 8). Der eigentliche Raum für die heiligen Handlungen bildet ein längliches Viereck von etwa 34 Meter Länge und 28 Meter Breite. Auf der östlichen Seite lag vor der ganzen Breite eine doppelte Vorhalle (Narthex), von welcher jedoch bloß der an die Schiffe stoßende Theil (D) freigelegt ist; aus dieser gelangte man zwischen Säulen hindurch in das Mittelschiff (A) und durch weite Bogenöffnungen in die Seitenschiffe (B, B). Der Langraum war nämlich in drei Schiffe getheilt, von denen das Mittelschiff breiter und gewiß auch höher war als die beiden Seitenschiffe. Zwei Säulenreihen von je zehn Säulen trugen die Obermauern und das Dach des Mittelschiffes. Ob dieselben durch Bogen verbunden waren oder ob ein Balken (Architrav) aus Marmor darüber gelegt war, läßt sich nicht mehr feststellen, da der obere Theil des Baues bei Errichtung der jetzigen Basilika bis fast auf die Hälfte der Säulenhöhe abgetragen wurde. Das Langhaus hatte kein Querschiff, sondern die letzten Säulen waren rechts und links von der Apsis mit je zwei Pfeilern verbunden. An der westlichen Schmalseite lag die Apsis, welche nicht genau so breit war als das Mittelschiff ²). Man fand neben derselben keine andern

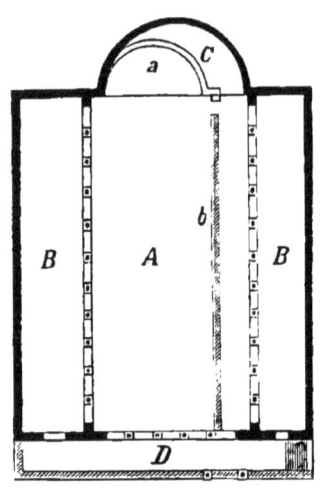

Fig. 8.
Grundriß der alten Basilika des heiligen Clemens in Rom (jetzt Unterkirche).

¹) S. das Verzeichniß der altchristlichen Basiliten bei Kraus, Real-Encyklopädie I, S. 124 ff. — Vgl. Duchesne, Les titres presbytéraux et les diaconies in den Mélanges d'archéol. et d'hist. de l'Ecole Française de Rome, 1887. S. 230 ff.

²) Die im Mittelschiff eingezeichnete Mauer b ist die Stützmauer für die Säulen des rechten Seitenschiffes der obern Basilika, welche um das Seitenschiff B kleiner ist als die ältere, denn ihre rechte Außenmauer ruht auf der rechten Säulenreihe der untern Kirche; die Apsis der obern Kirche (a) habe ich ebenfalls eingezeichnet. Ueber den jetzigen Zustand und die Monumente der alten Clemenskirche siehe Kraus, Real-Encyklopädie, Art. Clemens, und die in Anm. 1, S. 33 citirte Litteratur.

Räume, wohl aber darunter Gemächer eines römischen Palastes aus der ältern Kaiserzeit, zu welchen eine breite Treppe von der Rückseite des südlichen Seitenschiffes aus hinunterführte: offenbar die „memoria Clementis", die Räume, in welchen in der ersten nachapostolischen Zeit die Christen Rom's ihre liturgischen Versammlungen hielten[1]). Zur Veranschaulichung der verschiedenen Bauten in San Clemente diene die folgende Abbildung, auf welcher mit A die Bauten in Tuffquadern aus der ältesten Zeit Roms, mit B ein Theil des Palastes (memoria Clementis), mit C die Apsis und mit E die Schiffe der alten Basilika bezeichnet sind; D und F geben die Lage der Apsis und der rechten Säulenreihe der jetzigen Basilika an. (Figur 9.) Diesem Schema mehr

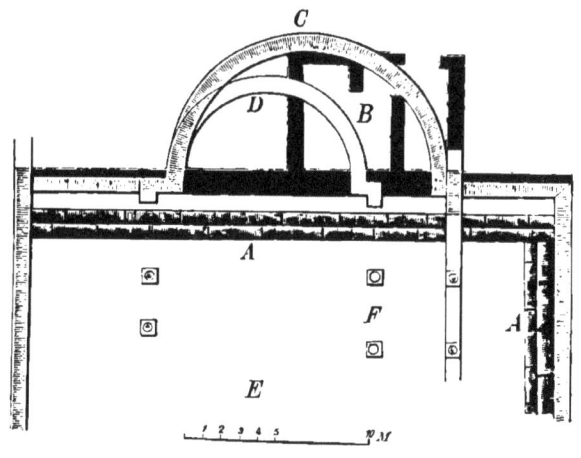

Fig. 9.

Grundriß der beiden übereinander liegenden Kirchen von S. Clemente und der darunter liegenden Bauten. (Nach de Rossi.)

oder weniger entsprechend waren die meisten im Laufe des vierten Jahrhunderts in Rom errichteten Basiliken; es ist dasselbe, welches wir im Oriente, nach den Angaben des Eusebius, in der Regel vorfanden.

Allein die römische Kirche war doch nicht ausschließlich auf Neubauten angewiesen, abgesehen davon, daß nicht alle vorconstantinischen Gotteshäuser zerstört, sondern bloß confiscirt worden waren, und deshalb nach der Rückerstattung durch Maxentius und durch Constantin

---

[1]) S. Mullooly, S. Clement pope and martyr and his basilica in Rome. 2. A. Rom 1873. — De Rossi, Bullettino 1863, S. 8—14; 25—39; 52—89. — 1864, S. 8—14. — 1870, S. 125—168. — Oben S. 10.

wieder benutzt wurden. Denn auch jetzt gelangte die Kirche durch Schenkungen und Vermächtnisse in Besitz von Gebäuden, deren große Prachtsäle durch Vergrößerung und durch Hinzufügung von Apsiden in Cultusstätten umgewandelt wurden. Im October 313 hielt Papst Melchiades, auf Veranlassung Constantin's, eine Synode wegen der Donatistischen Streitigkeiten „im Hause der Fausta im Lateran" (in domo Faustae in Laterano). Dieser Palast ging vielleicht damals schon in den Besitz der römischen Kirche über und wurde die Wohnung des römischen Bischofs. In der Basilika des Hauses fand regelmäßiger Gottesdienst statt, wie wir durch das Zeugniß des h. Hieronymus aus dem Ende des vierten Jahrhunderts wissen. Er berichtet nämlich, die edele Fabiola habe eines Tages vor den Augen der ganzen Stadt Rom den Tag vor dem Osterfeste in der Basilika des verstorbenen Lateranus (in basilica quondam Laterani), der auf Befehl des Kaisers enthauptet worden war, in der Reihe der Büßenden gestanden. Die jetzige Laterankirche ist ein bedeutend vergrößerter Umbau dieser Kirche. Auch die Kirchen S. Croce (früher Basilika Sessoriana genannt) und S. Bibiana (Licinianische Basilika) sind aus vorher bestehenden, bloß verlängerten und für die Zwecke des christlichen Cultus eingerichteten Prachtsälen (aulae) entstanden [1]).

Ebenso steht die Basilika S. Maria Maggiore an der Stelle einer Hausbasilika des Sicininus, welche nach dem Umbau durch Papst Liberius auch Basilika Liberiana genannt wurde. Diese Kirche bietet uns ein neues Schema für die Disposition der Apsis, welches man in den letzten Jahren auch in mehrern andern Kirchen Italiens und Galliens feststellte. Die Apsis war nämlich nicht aus massivem Mauerwerk von Grund aus erbaut, sondern in ihrem untern Theile durchbrochen, wahrscheinlich in Form von Arcaden, welche auf Säulen oder Pfeilern ruhten, und über welchen sich die Concha (der muschelförmige obere Theil der Apsis) erhob. Hinter der auf diese Weise durchbrochenen Apsis war der Raum, in welchem sich die Frauen beim Gottesdienste aufhielten. „Sie war so gebaut, daß die Frauen während der Feier der h. Messe hinter dem Sitze des Bischofs standen, und in unmittelbarer Nähe des Bischofs der Liturgie beizuwohnen schienen, so daß, wenn derselbe mit den ihm Assistirenden etwas besprechen wollte, er es nicht thun konnte, ohne Dazwischenkommen der Frauen, weil diese so sehr nahe dabei sich aufhielten" [2]). Diese Disposition wird so zu erklären sein, daß man zwei aneinander stoßende Räume zum Gotteshause einrichtete, um mehr Platz

---

[1]) S. Lanciani, Monumenti antichi. Rom 1891.
[2]) Liber Pontificalis, Leben Paschalis' I.

zu gewinnen: die Basilika des Sicininischen Hauses und einen daran stoßenden Saal. Man baute deshalb die Apsis in den letztern hinein, jedoch so, daß der untere Theil derselben offen blieb, und so den hinter ihr Stehenden die Theilnahme an den liturgischen Handlungen gestattete. In gleicher Weise war die später unter Papst Felix IV. (526) aus antiken Gebäuden zu einem christlichen Gotteshaus umgebaute Kirche der hh. Cosmas und Damianus eingerichtet. Ferner fand man in Neapel beim Abtragen eines Theiles der Kirche von S. Giorgio Maggiore eine in dieser Weise erbaute Apsis mit auf Säulen ruhender Concha, und ebendort kann man in der Kirche S. Giovanni Maggiore noch die später zugemauerten Arcaden in der Apsis erkennen[1]). Nach den Ausführungen Holtzinger's[2]) zeigte die vom h. Paulinus von Nola erbaute Cömeterial-Basilika des h. Felix dieselbe Disposition; und an der Cömeterialkirche ad Catacumbas (S. Sebastian) bei Rom will Lugari sie gleichfalls erkannt haben[3]).

Mit dem vollständigen Hinsinken des Heidenthums im fünften Jahrhundert begann die Kirche eine neue Art von Cultusgebäuden für sich zu gewinnen, nämlich die verlassenen und dem Verfall anheimgegebenen alten heidnischen Tempel. Die Umwandlung der Götzentempel in christliche Kirchen bot manche praktische Schwierigkeiten; denn vielfach war die Cella, das eigentliche Tempelhaus, wo die Statue der Gottheit stand, klein und als Versammlungsort wenig geeignet. Man half sich damit, daß die Zwischenräume der gedeckten Säulenhalle, welche die Cella umgab, zugemauert und die Wände der Cella durchbrochen wurden, so daß man einen großen Innenraum für die Versammlungen gewann; oder indem andere, an den Tempel stoßende Gebäude zur Erweiterung des Raumes mit in den Umbau hineingezogen wurden. Häufig waren allerdings die Tempel groß genug, um als Versammlungsort direct benutzt zu werden, so daß man nur eine Apsis anzufügen brauchte, falls nicht eine große Nische in der Cella als solche dienen konnte. Auf diese Weise gelangte die Kirche als Erbin des absterbenden Heidenthums zu mehrern prächtigen Gotteshäusern; ich erwähne als die berühmtesten das Serapeum und den Dionysostempel zu Alexandrien, welche Kaiser Arkadius den Christen zu

---

[1]) Vgl. Bullettino di archeol. crist. 1880, S. 148 ff.
[2]) Die christliche Basilika, S. 30 ff.
[3]) Bull. di archeol. crist. 1891, S. 12. Ein modernes Beispiel dieser Disposition der Apsis bietet die Kirche der Abtei S. Scholastica bei Subiaco in Italien; der untere Theil der Apsis hinter dem Altare ist durchbrochen, und zwei Säulen tragen die Wölbung derselben. Hinter der so gebauten Apsis liegt der Chor der Mönche.

Kirchenbauten überließ¹), nachdem bereits Constantin den Alexandrinischen Christen einen Mithrastempel (speleum) geschenkt hatte, welches in ein Oratorium umgewandelt wurde²). Aus dem Tempel der Tyche zu Antiochien ward eine dem h. Ignatius geweihte Kirche³). Das Parthenon zu Athen wurde im Jahre 430 der h. Jungfrau Maria geweiht und durch verschiedene bauliche Veränderungen für den christlichen Cultus eingerichtet⁴). Besonders häufig konnte diese Umwandlung der Tempel in Kirchen geschehen, nachdem Kaiser Theodosius im Jahre 426 ein Gesetz erlassen hatte, welches befahl, alle noch aufrecht stehenden Tempel als solche für aufgehoben zu erklären und durch das Aufpflanzen des Kreuzes als Zeichen der christlichen Religion zu sühnen, d. h. wohl, sie in christliche Kirchen umzuwandeln⁵). In Rom wurde das Pantheon bekanntlich durch Bonifaz IV. im Jahre 609 der h. Gottesgebärerin Maria und allen heiligen Martyrern geweiht.

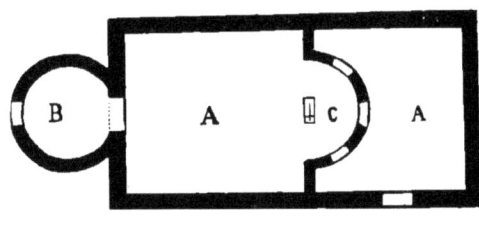

Fig. 10.
Grundriß der Kirche der hh. Cosmas und Damianus in Rom. (Nach Holtzinger.)

Sehr charakteristisch ist die Art, wie die bereits oben erwähnte Kirche der hh. Cosmas und Damianus aus antiken Gebäuden hergestellt wurde. Denn auch andere Profanbauten außer den Göttertempeln wurden bisweilen zu christlichen Gotteshäusern. (Fig. 10.) Papst Felix IV. erhielt im Jahre 526 das in der Nähe des Forums gelegene römische Staatsarchiv (templum sacrae urbis), welches von Vespasian als länglich viereckiger Bau aufgeführt (A, A) und durch Septimius Severus nach einem Brande restaurirt worden war. Um einen passenden Eingang mit einer Vorhalle zu gewinnen, wurde ein nach dem Forum hin an die südwestliche Schmalseite stoßender Rundtempel mit hineingezogen, durch einen weiten Bogen mit dem Langraum des Archivs verbunden und so zum Narthex der Kirche gemacht (B). Die

---
¹) Sozomenus, hist. eccl. VIII, 15. — Rufin, Hist. eccl. II, 27.
²) Sozomenus l. c. V, 7. — ³) Evagrius, Hist. eccl. I, 16.
⁴) S. Dörpfeld in dem Centralblatt für Bauverwaltung 1831. S. 258.
⁵) So versteht Gothofredus wohl mit Recht die Stelle des betreffenden Gesetzes: „Cunctaque eorum (scil. paganorum) fana, templa, delubra, si qua etiam nunc restant integra, praecepto magistratuum destrui, colocutioneque venerandae christianae religionis signi expiari praecipimus." Codex Theodosianus, ed. Mantuae 1750, tom. VI, pars I, S. 274 f.

Apsis (C) wurde jedoch nicht an die entgegengesetzte Schmalseite angebaut, sondern in die Mitte des Raumes, so daß von ihr aus zwei Mauern rechts und links bis an die Wände des Langhauses errichtet wurden, welche den ganzen Raum in zwei theilte. Die Apsis selbst war durch runde Arkaden durchbrochen, und Thüren in der Trennungsmauer führten in den Raum hinter derselben, so daß hier, gleichwie in S. Maria Maggiore, wohl das Matroneum, der Platz für die Frauen, sich befand[1]).

Auch die viel besprochene, eigenthümlich gebaute Rundbasilika S. Stefano rotondo auf dem Cölius war ein Profangebäude, nach den neuesten Untersuchungen Lanciani's über die Geschichte der Monumente Rom's[2]). Damit ist für die Geschichte der altchristlichen Architektur eine große Schwierigkeit beseitigt, da man nicht leicht erklären konnte, weshalb die christliche Baukunst in Rom bei dieser Kirche auf einmal die bisherige basilikale Anlage, die bei großen Neubauten von Kirchen stets zur Anwendung kam, verlassen hätte. San Stefano ist nämlich ein ganz runder Bau, dessen Inneres durch eine doppelte concentrische Säulenreihe getheilt wird, welche das in drei verschiedenen Höhen liegende Dach tragen; es ist somit eine dreischiffige Rundbasilika, ein Bau, welcher unter den römischen Stadtkirchen einzig dasteht. Lanciani weist nun nach, daß es eine Markthalle war, welche erst später in den Besitz der römischen Kirche gelangte und zu einem Gotteshause umgewandelt wurde.

In Rom waren es besonders die Diakonien, jene Complexe von Wohlthätigkeitsanstalten, mit denen meistens ein Oratorium verbunden war, welche mit Benutzung älterer Profanbauten eingerichtet wurden, während dies bei den für die allgemeinen liturgischen Versammlungen bestimmten Titelkirchen kaum der Fall war. Der Grund davon ist offenbar, daß die Diaconien nach dem vierten Jahrhundert entstanden sind, also zu einer Zeit, wo der Glanz des antiken Rom in raschem Sinken begriffen war; so waren manche im Centrum der Stadt gelegene öffentliche Gebäude nutzlos geworden und konnten von der kirchlichen Verwaltung für ihre Zwecke benutzt werden. Die ältern Titelkirchen jedoch entstammen einer Zeit, in welcher Rom im Vollbesitz seiner Herrlichkeit war und alle antiken Einrichtungen sich in Thätigkeit befanden. Deßhalb befinden sich diese meistens nicht in den centralen Theilen der alten Stadt, welche fast ganz durch prunkende öffentliche Bauten eingenommen waren, so daß für Privatwohnungen kaum Platz übrig blieb. Denn wie wir

---

[1]) De Rossi, Bullettino 1867, S. 61 ff. — Lanciani, Bullettino della Commissione archeologica communale di Roma, 1882.

[2]) Lanciani, Monumenti antichi, Roma 1891. — Die übrige Litteratur über die Kirche s. bei De Rossi, Musaici delle chiese di Roma, Musaico dell' abside di S. Stefano al Celio.

sahen, nahmen die ältesten Titelkirchen die Stelle der vorconstantinischen Gotteshäuser ein, die aus Privatwohnungen entstanden, oder wurden im Laufe des vierten Jahrhunderts errichtet, in welchem kein freier Raum im Centrum der Stadt für deren Errichtung gefunden werden konnte[1]).

Die meisten in den Städten gelegenen Kirchen, welche als liturgische Versammlungsorte für die Christengemeinde errichtet wurden, trugen anfangs dieser Periode noch nicht den Namen eines Heiligen, falls sie nicht, wie es z. B. bei San Clemente in Rom der Fall war, am Orte einer localen memoria eines solchen sich erhoben. Allein die hohe Verehrung, welche die Martyrer im christlichen Alterthum genossen, brachte es mit sich, daß man beim Neubau von Gotteshäusern solche Plätze benutzte, an welche sich das Andenken eines christlichen Glaubenshelden knüpfte, so z. B. in Rom beim Bau der Basilika der heiligen „Vier Gekrönten" (Quattuor Coronati)[2]); andere Basiliken entstanden aus der Vergrößerung der alten Cultusstätten, welche von solchen Christen der Kirche geschenkt waren, die durch ihr Blut für den Glauben Zeugniß abgelegt hatten. Diese Gotteshäuser waren somit Versammlungsorte für die regelmäßige Feier der Liturgie, und zugleich dem Andenken der betreffenden Heiligen geweiht. Eine ganz eigene Stellung nimmt in dieser Beziehung die Kirche der hh. Johannes und Paulus in Rom ein, wie wir im folgenden Abschnitt sehen werden. Wo eine durch das Andenken eines Martyrers geheiligte Stätte nicht durch ein größeres Gotteshaus geehrt wurde, suchte man wenigstens ein kleineres Oratorium an derselben zu errichten, in dem die Privatandacht der Gläubigen ausgeübt und das heilige Opfer in privater Weise dargebracht werden konnte. In Rom gab es mehrere solcher Oratorien. Im Jahre 1812 grub man ein solches aus in der Nähe der Titusthermen nach der Seite des Colosseums, welches der h. Felicitas und ihren sieben Söhnen geweiht war, wie das aus dem Ende des fünften oder dem Anfange des sechsten Jahrhunderts stammende Bild dieser Heiligen in der Apsis bewies[3]). Ein anderes wurde in der Nähe der Thermen des Diocletian gefunden; es war, wie eine darin entdeckte Votiv-Inschrift zeigte, den heiligen Martyrern Papro und Mauroleo geweiht[4]). Dem Andenken des berühmten römischen Lehrers und Martyrers Hippolytus war eine heute noch unter dem Namen

---

[1]) S. Duchesne in den Mélanges d'archéologie et d'histoire de l'Ecole française à Rome, 1887, S. 230 ff. — Desselben Edition des Liber Pontificalis I, S. 519 f.

[2]) De Rossi, Bullettino 1879, S. 79 ff.

[3]) De Rossi, Bullettino 1884/85, S. 157 ff.

[4]) Ibid. 1876, S. 47 f.; 1877, S. 10. Die Inschrift befindet sich im Lateranmuseum, Abtheilung I, n. 7.

San Lorenzo in Fonte bestehende Kapelle geweiht, welche auf einer Inschrift aus dem Ende des vierten Jahrhunderts als bestehend erwähnt wird. Ein Priester Namens Ilicius, welcher unter dem Pontificat des Siricius in der Titelkirche des Pudens Erneuerungsarbeiten vornehmen ließ, stellte ebenfalls auf seine Kosten die der römischen Kirche gehörigen Gebäude von dem Oratorium des h. Hippolytus bis zu dem erwähnten titulus her, wie die dort gefundene Inschrift uns mittheilt [1]).

So war die Zahl der innerhalb der Städte gelegenen und Heiligen geweihten Basiliken und Oratorien vom vierten Jahrhundert an nicht klein. Die auf den Gräbern der Martyrer errichteten und viel besuchten Heiligthümer machten die Idee, die Kirchen bestimmten Heiligen zu weihen, immer mehr allgemein; besonders denjenigen Heiligen, welche in der ganzen Kirche hochverehrt waren, wie der h. Jungfrau Maria, den hh. Engeln, den Aposteln, vor allem den hh. Petrus, Paulus und Andreas, dann einzelnen Heiligen, deren Grabkirchen viel besucht wurden oder die von gewissen Klassen der christlichen Gesellschaft besonders verehrt wurden, wie dem h. Georg, dem h. Phocas, weihte man mit Vorliebe neu erbaute Gotteshäuser, ohne daß irgend eine locale memoria an der Stelle, wo diese standen, an jene Heiligen erinnert hätte. Bereits Constantin der Große hatte einer von ihm in seiner Hauptstadt Byzanz erbauten prächtigen Kirche den Namen der zwölf Apostel gegeben [2]). In Constantinopel befand sich ebenfalls eine hochverehrte, dem h. Michael geweihte Basilika (Michaelion), als deren Erbauer frühzeitig Constantin angesehen wurde [3]). Eine allen Engeln und besonders dem h. Michael zu Ehren errichtete Kirche befand sich in der Nähe von Rom an der Salarischen Straße. Die ältesten Nachrichten, welche wir über dieselbe besitzen, nämlich ihre Erwähnung im Leonianischen Sacramentar und im sog. Hieronymianischen Martyrologium reichen in die Mitte des fünften Jahrhunderts hinauf [4]). Dem h. Apostel Andreas weihte Papst Simplicius die bereits erwähnte prächtige Aula, welche Flavius Valila der römischen Kirche vermacht hatte, und bald darauf wurde von Papst Symmachus demselben h. Apostel ein Oratorium bei der Peterskirche gewidmet [5]). In ganz Italien, in Africa, in Spanien und Gallien sowie im Orient wurden sehr frühzeitig den hh. Aposteln Petrus und Paulus zu Ehren Kirchen gebaut. Man suchte für diese Apostel- und Martyrerkirchen so viel als möglich Re-

---

[1]) Dieselbe lautet: „Omnia quae videntur a memoria s. martiris Ippoliti usque huc surgere tecta Ilicius presb. sumtu prop(r)io fecit." Alle Gebäude, die man sich erheben sieht von der memoria des h. Martyrers Hippolytus bis hier, hat der Priester Ilicius auf eigene Kosten errichtet. — Bullettino di archeol. crist. 1877, S. 15—16.
[2]) S. oben S. 30. — [3]) Sozomenus, Hist. eccl. I. 3. — [4]) De Rossi Bullettino 1871, S. 146. — [5]) Liber Pontificalis, Vita Symmachi.

liquien der betreffenden Heiligen zu erlangen, und so wurden auch die innerhalb der Städte gelegenen Gotteshäuser nach und nach Reliquienkirchen (von denen im folgenden Capitel die Rede sein wird). Gegen Ende des Alterthums wurde keine Kirche mehr gebaut, welche nicht den Namen eines Heiligen hatte, und auch die keine solche tragenden ältern Versammlungsorte wurden nach und nach bestimmten Heiligen geweiht.

⁂

Von den Städten aus verbreitete sich das Christenthum im Laufe des vierten und des fünften Jahrhunderts in allen Theilen des römischen Reiches rasch unter der Landbevölkerung, welche auf dem Gebiete der Städte und Municipien in Dörfern und Flecken oder in Landcolonieen der großen Latifundien lebte und Ackerbau trieb. Unter dem Pontificate Leo's I. schenkte die römische Matrone Demetrias der römischen Kirche ein Grundstück an der Via Latina mitten in der Campagna. Der Papst ließ dort eine dreischiffige, mit doppeltem Narthex und über die Seitenmauern hinausragenden Nebenräumen hinter der Apsis versehene Basilika errichten, deren Fundamente unter Pius IX. ausgegraben wurden. Offenbar diente die dem h. Stephanus geweihte Kirche den anwohnenden Landleuten als Gotteshaus. Einer der Nebenräume hinter der Apsis zeigt ein rundes, in den Boden vertieftes Wasserbecken, das höchst wahrscheinlich zur Spendung der h. Taufe diente: ein Beweis, daß wir hier eine wirkliche Pfarrkirche der römischen Campagna vor uns haben. Und schon von Constantin dem Großen rühmte Eusebius: „In urbibus ac pagis, in agris ac desertis barbarorum locis fana ac delubra in honorem unius omnium regis ac domini dedicavit. Unde etiam domini vocabulo honorata sunt; non ab hominibus sed ab ipso omnium domino cognomentum sortita. Ab eo quippe dominica appellantur"[1]. — „In den Städten und Flecken, auf den Aeckern und den öden Landstrichen der Barbaren weihte er Tempel und Heiligthümer zu Ehren des einen Königs und Herrn Aller. Deßhalb wurden sie mit dem Namen des Herrn ausgezeichnet, indem sie nicht von den Menschen, sondern vom Herrn Aller selbst ihren Beinamen empfingen. Sie wurden nämlich von ihm Häuser des Herrn genannt."

Sehr lehrreich sind die Studien, welche de Rossi über die christlichen Monumente der römischen Campagna machte. Dieselben beweisen, daß es in der Zeit vom 4. bis zum 7. Jahrhundert zahlreiche Kirchen daselbst gab, inmitten christlicher Dörfer gelegen, welche die Stellen der Sklavencolonieen einnahmen, die vorher in den ausgedehnten römischen Villen thätig gewesen

---

[1] Eusebius, de laudibus Constantini, 17.

waren. Nachdem die Besitzer und deren Sklaven Christen geworden, trat ein anderes Verhältniß zwischen ihnen ein; die Letztern wurden Pächter, denen ein Theil des bisher von ihnen bebauten Landes überlassen wurde. Die Besitzer oder die römische Kirche erbauten Gotteshäuser in den so entstandenen christlichen Dörfern und versahen sie mit allem, was zur Feier der Liturgie nothwendig war. Der Act einer solchen Stiftung, welche der schon genannte Fl. Valila im Jahre 471 auf seinen Besitzungen in der Nähe von Tivoli machte (ecclesia Cornutiana), ist uns erhalten; wir werden noch auf dieses wichtige Document zurückkommen. Zur Zeit des Papstes Sergius I. (687—701) wird eine dem h. Petrus geweihte Basilika in der "massa Marulis", einer Flur zwischen dem Marciana-Thal und Grotta-Ferrata, erwähnt, welche den religiösen Mittelpunkt mehrerer Ackerbau-Colonieen bildete. Diese Kirche muß damals bereits eine Zeit lang bestanden haben, da Hadrian I., der 772 den päpstlichen Stuhl bestieg, sie von Grund aus (a solo) neu bauen mußte, weil sie vor Alter zerfallen war[1]. In dem Territorium des alten Tusculum lagen noch mehrere solche Kirchen, in welchen für die Landbevölkerung der Umgebung der Gottesdienst abgehalten und die Seelsorge ausgeübt wurde. Wir finden ein Oratorium des h. Andreas, ein Oratorium der h. Faustina, eine Kirche der h. Gottesgebärerin Maria daselbst erwähnt, welche auf der Strecke zwischen dem zehnten und dem dreizehnten Meilenstein der Via Latina lagen[2]. In ähnlicher Weise waren auf dem Gebiete von Albano in der angegebenen Zeit mehrere Kirchen entstanden[3]. Das Gleiche war der Fall in den etwas weiter von Rom entfernt liegenden Provinzen Mittelitaliens. In Umbrien war die Verehrung der h. Engel sehr verbreitet, und mehrere ihnen geweihte Kirchen fanden sich in der Umgebung von Spoleto und Perugia. So lag auf der Höhe des "Colle di S. Angelo" bei ersterer Stadt ein Oratorium des h. Michael, welches im Jahre 429 erbaut worden war. Bei Perugia fand man im Dorfe Mandorleto eine Inschrift des Inhalts, daß Memmius Sallustius Salvinus Dianius vir spectabilis eine Basilika der heiligen Engel erbauen ließ, in welcher Todte zu beerdigen verboten war[4]. De Rossi schreibt die Inschrift dem fünften Jahrhundert zu.

Nachdem es der Kirche freigestellt worden war, das Erbe des Heidenthums anzutreten, wurden auch auf dem Lande Heiligthümer der Götter zu christlichen Landkirchen umgewandelt. Ein lehrreiches Beispiel

---

[1] De Rossi, Bull. di archeol. crist. 1870, S. 108—109. — [2] Ibid. 1873, S. 87 ff. — [3] De Rossi, l. c. 1874, S. 83 ff. — [4] Marini, Papiri diplomatici, S. 283.

bietet wieder die Umgegend von Spoleto. Am Ufer des Flusses Clitumnus erhebt sich auf hohem Unterbau ein zierliches Heiligthum in antikem klassischem Stil, welches dem Gott der Engel, der Propheten und Apostel geweiht ist, wie die Aufschriften der Thürbalken melden, von denen die der Hauptthüre noch erhalten ist, während die der Seitenthüren nur aus ältern Beschreibungen bekannt sind. † SCS DEVS ANGELORVM QVI FECIT RESVRECTIONEM † lautet die noch bestehende Inschrift; die beiden andern waren: † SCS DEVS PROPHETARVM QVI FECIT REDEMPTIONEM und † SCS DEVS APOSTOLORVM QVI FECIT REMISSIONEM [1]). Das Tempelchen ist ein antikes Heiligthum des Flussgottes Clitumnus, deren es mehrere längs der Straße von Spoleto nach Trevi am Ufer zerstreut in alter Zeit gab. Die Inschrift und der Vergleich mit den andern in dieser Gegend den heiligen Engeln geweihten Kapellen veranlassen de Rossi, die Weihe des Clitumnustempelchens zu einer Kirche ebenfalls in das fünfte Jahrhundert zu verlegen [2]). So sehen wir, daß vom vierten Jahrhundert an der Kirchenbau sich in ähnlicher Weise auf dem Lande entwickelt, wie es in den Städten der Fall gewesen, bloß etwas später und in einfachern Formen.

Die bisherigen Untersuchungen über die Kirchenbauten einzelner Städte und deren architektonische Formen und über die Landkirchen der Umgebung Roms ließen sich, so weit uns schriftliche Nachrichten und Monumente erhalten sind, für die einzelnen Provinzen und Länder wiederholen, ohne im Allgemeinen neue Resultate zu geben. Wir finden, daß überall vom vierten Jahrhundert an die frühern Cultusstätten vergrößert werden, neue, geräumige und reich ausgestattete Kirchen hinzukommen oder an Stelle der alten errichtet werden. In Syrien und den umliegenden Provinzen fanden die beiden französischen Forscher Le Bas und Waddington zahlreiche Inschriften aus der zweiten Epoche des christlichen Alterthums, welche den Bau von Gotteshäusern unter Leitung von Bischöfen, Priestern und Diakonen melden [3]). De Vogüé hat eine Anzahl altchristlicher Kirchenbauten aus Syrien veröffentlicht, welche uns die erstaunliche Entwickelung zeigen, zu der die christliche

---

[1]) Heilig der Gott der Engel, welcher die Auferstehung vollendete. — Heilig der Gott der Propheten, welcher die Erlösung vollendete. — Heilig der Gott der Apostel, welcher die Vergebung vollendete.

[2]) De Rossi, Bullettino 1871, S. 143 ff. — Grundriß von Holtzinger in der Zeitschrift für bildende Kunst, 1881, S. 313 ff.

[3]) Waddington, Voyage en Asie Mineure, Paris 1876. — Le Bas und Waddington, Inscriptions grecques et latines en Grèce et en Asie Mineure, Paris 1870.

Architektur gelangt war¹). Constantinopel und Karthago besaßen, ähnlich wie Rom, zahlreiche Kirchengebäude, und besonders in der Hauptstadt des christlichen Nordafrica zeigen schon die Namen: Basilika Theoprepiana, Basilika Theodori, Basilika Gratiani, Basilika Novarum, Kirchen der h. Jungfrau, der Scillitanischen Martyrer usw., daß die Geschichte derselben ganz ähnlich ist wie die der römischen Kirchen in der nachconstantinischen Zeit. Sehr ergiebig war in den letzten Jahrzehnten der Boden der drei nordafricanischen Provinzen in Bezug auf die Ueberreste altchristlicher Baudenkmäler; in Tebessa und den umliegenden Ruinen alter Städte und Flecken, in Orleansville, in Tipasa (heute Tifaced), in Ammedera (heute Hidra) fand man die Ruinen großer, mehrschiffiger Basiliken, auf welche wir im nächsten Abschnitt zurückkommen werden, da die meisten zugleich Reliquienkirchen sind. In Italien besitzen vor allem die Städte Neapel, Mailand und Ravenna heute noch ihre mehr oder weniger in der ursprünglichen Form erhaltenen altchristlichen Gotteshäuser; in Frankreich die Städte Arles, Lyon und Marseille, jene alten Mittelpunkte des Christenthums in den gallischen Provinzen.

Ueberall finden wir für die großen Bauanlagen als Hauptschema die Basilika, das mehrschiffige Langhaus. Im Abendland und in Africa erhält sich die Säulenbasilika, weil man das Dach, welches auf den Säulen ruhte, so leicht bauen konnte, daß jene stark genug waren, es zu tragen. In Syrien hingegen zwang der Mangel an Bauholz zur Anwendung des Gewölbes in den Basiliken; der Bau wird dadurch massiver sowohl in seinen Außenmauern als durch Anwendung von Pfeilern im Innern; die Fensteranlagen gestalten sich ebenfalls in etwas verschiedener Weise, so daß viele dieser Bauten den Kirchen der romanischen Periode unserer Gegenden sehr ähnlich sind. Neben der basilikalen Anlage findet sich aber auch, obgleich viel seltener, der Centralbau. Schon unter den Kirchenbauten, welche Constantin der Große ausführen ließ, fanden wir einen Kuppelbau mit concentrischer Anlage in Antiochien; die Apostelkirche in Constantinopel hatte nach Hübsch²) eine ähnliche Form. Das gewaltigste und herrlichste Monument dieser Art ist bekanntlich die Sophienkirche in Constantinopel; auch die Kirchen des h. Michael und der hh. Sergius und Bacchus zeigen centrale Anlagen. Im Abendland finden wir das centrale Schema vor allem in San Vitale in Ravenna (erbaut 526 bis 547), in San Lorenzo in Mailand und zwei kleinern dazu gehörigen Bauten (San Aquilino und San Sisto), im alten Dom von Brescia

---

¹) De Vogüé, La Syrie centrale, Paris 1867. — S. desselben Les églises de la Terre sainte, Paris 1860. — Mehrere derartige Monumente aus Syrien veröffentlichten die „Missions catholiques" von Lyon, 1892.

²) Altchristliche Kirchen, Karlsruhe 1862. Taf. 32, S. 78.

und in der Kirche Sant Angelo in Perugia, welche nach de Rossi dem fünften oder sechsten Jahrhundert angehört[1]). Aeltere Landkirchen sind wenige erhalten oder bedürfen noch der Specialuntersuchung, um für die Geschichte des Kirchenbaues nutzbar gemacht zu werden. Es wird jedoch kaum gewagt sein, anzunehmen, daß die Entwickelung dieselbe war, welche wir für die Kirchen der römischen Campagna feststellen konnten.

So entwickelte sich in ganz harmonischer Weise und in vollem Einklang mit der veränderten Stellung der Kirche dem römischen Staate gegenüber und mit der raschen Ausbreitung des Christenthums über alle Theile des Römerreiches der Kirchenbau im Anschluß an die vorconstantinische Periode. Die Kirchen werden vor allem Gotteshäuser, welche ausschließlich den Zwecken des christlichen Cultus dienen; doch verknüpft sich bald mit dem Bau neuer Kirchen der Ausdruck der Verehrung gegen die Heiligen, so daß es vom fünften Jahrhundert an kaum eine Kirche gibt, die nicht zugleich einem Heiligen besonders geweiht ist, wie ja schon lange vorher die Orte, an welchen memoriae von Martyrern waren, durch Oratorien zu Ehren derselben verherrlicht wurden. Der Ursprung der Stadtkirchen ist sehr mannichfach in baugeschichtlicher Hinsicht: ältere Versammlungsorte werden erweitert und umgebaut, Prachtsäle großer Privatwohnungen, Profanbauten, Tempel der heidnischen Gottheiten werden in Kirchen verwandelt; die meisten jedoch sind von Grund aus neu aufgeführte Bauten; überall herrscht die basilikale Anlage vor, welche als der eigentliche kirchliche Baustil dieser Zeit bezeichnet werden kann. Als Ausnahmen finden sich Centralbauten, und bei Umwandelung antiker Profangebäude in Kirchen mußten sich naturgemäß die christlichen Architekten den gegebenen Räumlichkeiten anbequemen.

---

[1]) Bullettino 1871, S. 149.

IV.

Die Grab= und Reliquien=Kirchen vom vierten bis zum siebenten Jahrhundert.

In der Diocletianischen Verfolgung waren die Cömeterien der christ= lichen Gemeinden mit den darauf liegenden Gebäuden ebenso wie die Versammlungsorte innerhalb der Städte der Confiscation und theil= weise der Zerstörung zum Opfer gefallen. Kaum hatte die Kirche den Frieden wieder erlangt, als der Eifer der Gläubigen für die Verehrung der christlichen Glaubenshelden, noch vermehrt durch den Glaubensmuth der zahllosen Opfer, welche unter ihren Augen hingeschlachtet worden waren, sich in herrlicher Weise entfaltete. Die alten, kleinen cellae der Cömeterien genügten nicht mehr, die Menge der Gläubigen zu fassen, welche an den Gräbern der Martyrer ihre Andacht verrichten wollten. Meistens enthielten dieselben auch nicht das Grab selbst, wenigstens bei unterirdischen Cömeterial=Anlagen, sondern befanden sich bloß in der Nähe. Das genügte nicht; man wollte die Gräber selbst schmücken durch entsprechende bauliche Monumente, in möglichst unmittelbarer Nähe der= selben die Heiligen verehren und anrufen. Zu diesem Zwecke begann man von der constantinischen Zeit an, an Stelle der alten Cömeterial= Gebäude und neben solchen große Kirchen, Basiliken, einschiffige Ora= torien und concentrische Bauten zu errichten, welche unmittelbar mit einem oder mehrern Martyrergräbern in Verbindung gebracht wurden. Auf den großen Cömeterien der hauptsächlichsten Christengemeinden, in welchen mehrere Martyrer begraben lagen, wurden oft mehrere Basiliken neben einander errichtet, je eine für das Grab eines besonders hervor= ragenden Martyrers. Besonders in Rom entstanden so über den ein= zelnen Katakomben bisweilen ganze Gruppen von größern und kleinern, theils unterirdischen, theils halbunterirdischen, theils oberirdischen Basi= liken und Oratorien.

Die Art und Weise, wie das Martyrergrab mit der Grabkirche in Verbin= dung stand, war eine doppelte: entweder wurde die Kirche auf demselben oder fast auf demselben Niveau errichtet, auf welchem das Grab lag, und so gebaut, daß der vor der Apsis stehende Altar das Grab einschloß oder sich unmittelbar über demselben erhob; oder das Grab befand sich an einer andern Stelle in, unter oder neben der Kirche, jedoch so, daß man direct von ihr aus zu demselben gelangen konnte. Im erstern Falle war der Altar ein Reliquien-Altar im strengen Sinne des Wortes; im letztern Fall wurde die Kirche als über dem Grabe des betreffenden Martyrers errichtet angesehen, ohne daß seine Gebeine im Altar geruht hätten.

Was die erste Art der Verbindung des Grabes mit der Kirche betrifft, so war dieselbe leicht zu bewerkstelligen, wenn der h. Martyrer in einem oberirdischen Cömeterium ruhte.

Es genügte, die kleine Cella oder das Mausoleum, in welchem der Sarg mit den heiligen Gebeinen sich befand, zu einer Basilika zu erweitern oder eine größere Kirche zwischen den Grabmälern zu errichten, so daß der Altar über eines der Martyrer-Gräber zu stehen kam. Man übertrug ebenfalls häufig die Särge mit den Reliquien der Martyrer in die neu errichtete Basilika, oder ließ die alten Grabkammern bestehen und setzte sie mit der neuen Basilika in Verbindung, so daß jene sich als Seitenkapellen dieser darstellten.

Ein sehr interessantes Beispiel dieser Art bietet das schon erwähnte Cömeterium von Manastirine zu Salona[1]). (Fig. 11.) Mitten in eine Gruppe von neun größern Mausoleen hinein (I—IX), welche meistens mehrere Grabstätten enthielten, und theilweise bis fast auf die Fundamente abgebrochen wurden, errichtete man eine große dreischiffige, mit einem Querschiff und einem Narthex versehene Basilika. Ein Seitengang an der nördlichen Seite, in welchen man durch zwei Thüren vom Innern des neuen Gotteshauses aus gelangte, verband sie mit den Cellae, in welchen die Martyrergräber sich befanden. Die basilica maior stammt aus der ersten Hälfte des fünften Jahrhunderts und wurde im sechsten Jahrhundert erneuert. Die Gräber in den Mausoleen waren theils auf den Boden oder auf Postamente gestellte Sarkophage, theils einfache gemauerte Grüfte, deren Verschlußplatte aus Stein mit dem Boden auf gleichem Niveau lag; eines bestand aus einem unterirdischen Cubiculum, das in drei Abtheilungen getheilt und mit kostbarem Marmor an den Wänden geschmückt ist, und aus einem oberirdischen, auf Säulen ruhenden Ueberbau, welcher bei der Gründung der Basilika größtentheils zerstört wurde. Durch die Einfälle der Barbaren gegen Ende des vierten oder Anfang des fünften Jahrhunderts wurden die Monumente des Cömeteriums stark beschädigt. Um nun die ehrwürdigen Reliquien der Martyrer wieder in würdiger

---

[1]) Jelic, Das Cömeterium von Manastirine zu Salona, in der „Römischen Quartalschrift" 1891, und separat daraus abgedruckt. 66 Seiten mit 7 Tafeln in Lichtdruck.

Weise zu bergen, wurde höchst wahrscheinlich die Basilika nach dem Jahre 431 erbaut. Denn ein vor dem Bau, auf der Stelle, wo derselbe errichtet wurde, befindliches Grab zeigt das Datum 431 auf dem Epitaph.

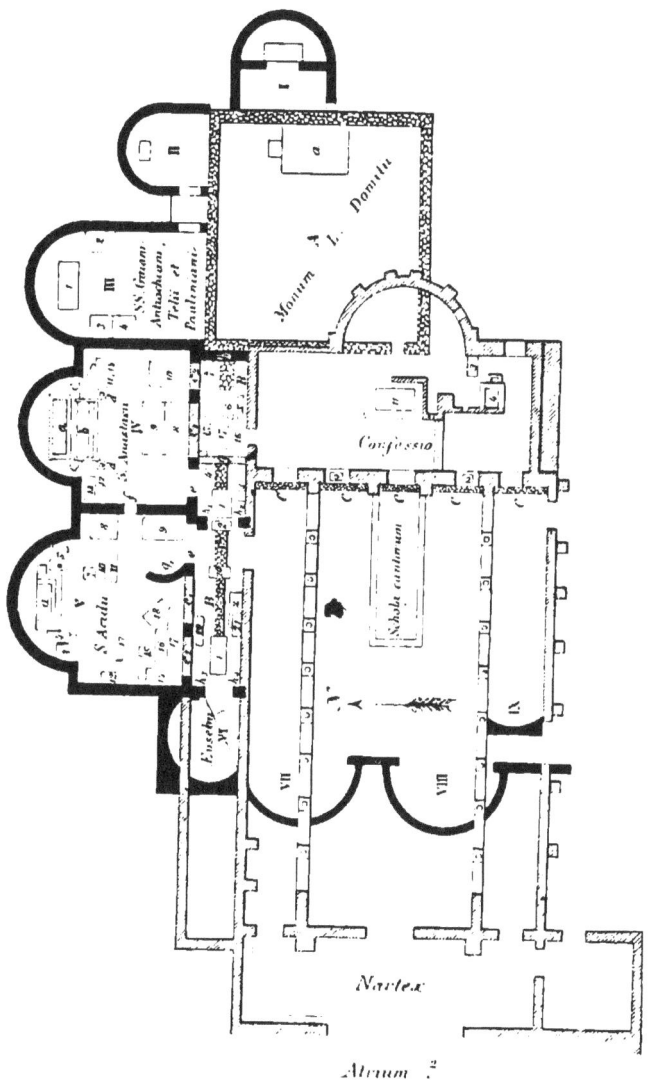

Fig. 11. Cömeterium von Manastirine zu Salona. (Nach Jelic.)

Die h. Gebeine des Bischofes und Martyrers Domnio von Salona mit denen mehrerer anderer Martyrer kamen in das Grab (confessio) unter dem Altar zu liegen; ihre ursprüngliche Ruhestätte befand sich innerhalb der Stätte, welche die Basilika umschloß. Die Confessio unter dem Altar der Basilika bestand vor der Restauration derselben aus einer ausgemauerten Krypta, in welcher sechs Sarkophage und zwei gemauerte Gräber sich befanden; daran stieß ein Nebenraum im südlichen Arm des Querschiffes, welcher drei weitere Gräber und eine gemauerte Gruft enthielt. Ich habe diese Anlage zuerst erwähnt, weil kaum eine andere die ganze Entwickelung der Cömeterialkirchen oberirdischer Grabanlagen so klar zeigt.

Ein sehr bedeutendes oberirdisches Cömeterium, Aliscamps (Alysii campi) genannt, besitzt die alte gallische Kirche von Arles. Zwei Basiliken lagen auf demselben: die eine trug den Namen des h. Honoratus, und in ihr ruhte der h. Bischof Trophimus, welcher als der Gründer der christlichen Gemeinde von Arles verehrt wurde. Diese war demnach eine eigentliche Grabkirche. Neben ihr wurde am Ende des fünften oder Anfang des sechsten Jahrhunderts eine zweite Basilika auf dem Cömeterium errichtet, welche aber nicht einem dort begrabenen Heiligen, sondern den beiden Apostelfürsten geweiht war. De Rossi vermuthet, diese Kirche sei deshalb neben der Cömeterialkirche errichtet worden, weil man den h. Trophimus in jener Zeit für identisch hielt mit dem Trophimus, dessen der h. Paulus im Briefe an Timotheus gedenkt, also den ersten Apostel von Arles als einen Schüler der Apostelfürsten ansah[1]). In Tours wurde durch den Bischof Briccius (412) eine Basilika über dem Grabe des h. Martinus errichtet, welcher gleich nach seinem Tode als hochberühmter Heiliger verehrt wurde.

Cömeterialkirchen sind ebenfalls ursprünglich die Basiliken von S. Eucharius (jetzt S. Matthias), S. Paulinus und S. Maximinus in Trier. Dieselben liegen auf den bedeutendsten oberirdischen Cömeterien der alten Hauptstadt Galliens, und ihre ursprünglichen Namen haben sie aus keinem andern Grunde, als weil sie über den Gräbern der Heiligen errichtet wurden, nach denen sie benannt sind. In der Paulinuskirche wurde vor einigen Jahren der Sarg eröffnet, welcher die Reliquien des Bekenners, die aus der Ferne nach Trier zurückgebracht worden waren, enthielt, und man machte dabei hochinteressante Funde[2]).

Italien besitzt oberirdische Cömeterien mit Martyrergräbern in Ostia und Porto. In letzterer Kirche waren die am meisten verehrten Blutzeugen Eutropius und seine Schwestern Zosima und Bonosa. Ein Bischof von Porto, mit Namen Donatus, erbaute gegen Ende des vierten oder Beginn des fünften Jahrhunderts eine Basilika über ihrem Grabe, wie die folgende dort gefundene Inschrift beweist:

---
[1]) De Rossi, Bullettino 1874, S. 144 ff.
[2]) S. Kraus, Die christlichen Inschriften der Rheinlande I, S. 96 ff.

SANCTIS · MARTYRIBVS ET BEATISsimis
EVTROPIO · BONOSAE ET ZOSIMae
DONATVS EPISC · TVMVLVM ADOrnavit
SED ET BASILICAM CONIunCTAM tumulo
A FVNDAMENTIS · SANCTAE pleBI Dei construxit.

„Den heiligen und seligsten Martyrern Eutropius, Bonosa und Zosima, schmückte das Grab der Bischof Donatus, und erbaute ebenfalls von Grund auf eine mit dem Grabe verbundene Basilika für das heilige Volk Gottes" [1]).

Der Text der Inschrift beweist klar, daß es die wirkliche Grabkirche der Martyrer war, welche Donatus erbaute. Jetzt besteht von der Basilika längst keine Spur mehr; die Reliquien der Heiligen wurden später nach Rom in eine Kirche in Trastevere übertragen.

Zahlreich waren die oberirdischen Grabanlagen in Nordafrica, wo in den letzten Jahren so manche hochwichtige Monumente der altchristlichen Zeit zu Tage traten. Wir haben bereits früher den bei Carthago gefundenen Friedhof und die auf ihm liegende alte cella trichora (Kapelle mit drei Apsiden) erwähnt. In der nachconstantinischen Zeit wurde vor diese eine 50 Meter lange Basilika erbaut, deren Mittelschiff 12,80 Meter Breite hatte. Der Boden der Kirche war ganz angefüllt mit Gräbern, so daß dieselbe ohne Zweifel eine Cömeterialkirche ist; wessen Heiligen Grab der Altar auszeichnete, hat man nicht feststellen können [2]). Eine Grabkirche ist sehr wahrscheinlich auch die in Philippeville gefundene Basilika, welche, wie eine daselbst zu Tage getretene Inschrift sagt, von einem dortigen Bischof Navigius einer sonst nicht bekannten Martyrin Digna zu Ehren errichtet wurde [3]).

Ferner fand man vor den alten Wällen der Stadt Tipasa die interessante Cömeterialkirche der h. Martyrin Salsa [4]).

Ueber andere in den letzten Jahren in Nordafrica gefundene Monumente müssen wir erst eine genaue und ausführliche Publication abwarten, ehe wir dieselben näher bei der Geschichte der Grabkirchen verwerthen können [5]).

---

[1]) De Rossi, Bullettino 1886, S. 45—48.
[2]) De Rossi, Bullettino 1885, S. 46—49.
[3]) Bulletin de correspondance africaine 1885, S. 528—530.
[4]) Gsell, La basilique de sainte Salsa, in den Mélanges de l'Ecole française de Rome, XI (1891), S. 179 ff.
[5]) Vgl. Pillet, Les ruines de la Basilica maiorum à Carthage in dem Compte-rendu du Congrès scientifique international des catholiques, Paris 1891, S. 158—166.

Bedeutend schwieriger als bei den oberirdischen Cömeterien gestaltete sich die Herstellung des Bauplatzes für eine größere Grabkirche, wenn sich die Ruhestätte des Martyrers in einer unterirdischen Grabkammer, in einer Katakombe mitten unter vielen andern Gräbern befand, falls man in der angegebenen Weise den Altar unmittelbar mit dem Martyrergrab in Verbindung bringen wollte. Denn mehrere Jahrhunderte hindurch scheute man sich, besonders in Rom, das verehrte Grab zu eröffnen oder zu verletzen, geschweige denn die h. Gebeine herauszunehmen und an einen andern Ort zu übertragen. So blieb nichts übrig, als durch tiefe Einschnitte in den Abhang des Hügels, in welchem die Grabkammer lag, oder durch Ausgraben gewaltiger Vertiefungen von der Oberfläche des Bodens aus bis auf das Niveau der Grabkammer den nöthigen Bauplatz für eine Kirche herzustellen, deren Boden auf etwa gleicher Linie mit dem Martyrergrabe liegen konnte. Man sah sich dabei fast immer gezwungen, mehrere Galerieen voll von Gräbern theilweise zu zerstören, welche um das Grab des Heiligen herumlagen, und scheute sich auch nicht, dies zu thun, um den angegebenen Zweck zu erreichen. Auf diese Art gebaut sind die großen und noch in mehr oder weniger veränderter Form bestehenden Kirchen von S. Peter, S. Paul, S. Lorenzo, S. Agnese, S. Hermete; ferner die in den letzten Jahren ausgegrabene Basilika der h. Nereus, Achilleus und Petronilla und die Oratorien der h. Felicitas und des h. Hippolytus bei Rom.

Als Constantin der Große die alte Peterskirche errichten ließ [1]), war es allerdings nicht nothwendig, viele Grabstätten verstorbener Christen zu zerstören, da der Leib des Apostelfürsten in einer unterirdischen Grabkammer, nach der Analogie der römischen Gräber überhaupt zu schließen, ruhte, um welche keine christliche Katakombe angelegt worden war, da der Boden sich dazu nicht eignete. Wohl aber waren andere Schwierigkeiten zu überwinden, da südlich von der Grabstätte, durch eine Straße von ihr getrennt, der Neronianische Circus lag, und an der nördlichen Seite der Vaticanische Hügel ziemlich steil aufstieg. Die Circus-Mauern wurden bis zu einer gewissen Höhe abgebrochen, in den Hügel ward ein tiefer Einschnitt gemacht, die Straße wurde in den Bauplatz mit hinein gezogen, und so die nothwendige Fläche für die gewaltige fünfschiffige Basilika hergestellt [2]). Sie konnte nun wirklich so

---

[1]) Daß wirklich Constantin dieselbe erbauen ließ, gründet sich auf solche Beweise, daß diese Thatsache nicht mehr angezweifelt werden kann. S. De Rossi, Inscriptiones christianae urbis Romae, II, p. I S. 236 ff.

[2]) Zum Nachweis der Einzelheiten dieser Baugeschichte der alten Petrus-Basilika muß ich auf die von mir in der "Römischen Quartalschrift für christliche Alterthumskunde" 1888, S. 113 ff., 1890, S. 110 ff. veröffentlichten Aufsätze und die dort citirte Litteratur verweisen.

gebaut werden, daß der Altar über der Grabkammer, wo der Sarg mit den h. Gebeinen des Apostels stand, errichtet wurde.

Kleinere Grabkirchen erbaute Constantin in ähnlicher Weise über der Ruhestätte des h. Paulus, wo unter Papst Siricius (384—398) der Constantinische Bau in eine der Petrus-Basilica ähnliche fünfschiffige Basilika erweitert wurde, und über dem Grabe des h. Laurentius, wo gleichfalls bedeutende bauliche Erweiterungen in späterer Zeit vorgenommen wurden. Beide Kirchen bestehen in der Form, welche die spätern Umbauten ihnen gaben, noch heute an der ursprünglichen Stelle. Constantina, die Tochter des Kaisers, schmückte das Grab der jungfräulichen Martyrin Agnes mit einer herrlichen dreischiffigen Basilika, welche in der ursprünglichen Anlage erhalten ist [1]).

Mehrere Meilen vor der Stadt, an der Nomentanischen Straße, liegen die vollständig ausgegrabenen Ruinen der über dem Grabe der h. Eventius, Theodulus und Alexander errichteten Basilika. Sie mußte mehrere Meter tief in die Erde hinein gebaut werden, damit das Niveau ihres Bodens auf dasjenige der unterirdischen Gruft, welche das Grab einschloß, zu liegen kam.

Die schon durch Bosio am Ende des sechzehnten Jahrhunderts wieder aufgefundene Kirche des h. Hermes ist trotz ihrer bedeutenden Dimensionen ein ganz unterirdischer, gewölbter einschiffiger Bau, welcher unter großer Arbeit und mit bedeutenden Kosten mitten in die Katakombe hinein auf das Niveau der Galerien gesetzt wurde [2]). De Rossi fand bei den Ausgrabungen in der Domitilla-Katakombe eine im vierten Jahrhundert an Stelle eines kleinern Oratoriums über dem Grabe der h. Nereus und Achilleus erbaute dreischiffige Basilika wieder, deren Seitenschiffe ganz in der Erde lagen, während das Mittelschiff sich über die Erdoberfläche erhob und so Fenster in den Obermauern anzubringen gestattete. Eine in der Mauer der Apsis offen gelassene Nische enthielt den Sarkophag der h. Jungfrau Petronilla [3]). Ein kleineres, länglich viereckiges Oratorium umgab das Grab der h. Felicitas und des h. Silvanus in dem Cömeterium Maximi an der Salarischen Straße [4]); ein lang gestreckter, in einer Apsis endigender unterirdischer Gewölbebau gewährte den frommen Besuchern des Grabes des h. Hippolytus genügenden Raum [5]).

---

[1]) S. Armellini, Il cimitero di s. Agnese, Roma 1883.
[2]) Abbildung nach Marchi bei Kraus, Real-Encyklopädie I, S. 117.
[3]) De Rossi, Bullettino 1874, S. 5—35, 68—75; 1875, S. 5 ff. und öfter.
[4]) De Rossi, Bullettino 1884/85, S. 149 ff.
[5]) Ibid. 1891, S. 26 ff.

Wie in Rom, so wurden auch in den übrigen Städten Italiens, welche Martyrergräber in unterirdischen Cömeterien besaßen, mit großen Kosten Basiliken und Oratorien unmittelbar über denselben errichtet. Ich erwähne die großen Bauten an der Grabstätte des h. Felix von Nola in der Nähe von Neapel, über die wir in den Schriften des h. Paulinus, Bischofs dieser Stadt, kostbare Aufschlüsse besitzen, und von welchen die Hauptbasilika ziemlich in ihrer alten Gestalt auf uns gekommen ist[1]). Dann die Cömeterialkirche der h. Christina in Bolsena, von welcher zugleich mit der dortigen Katakombe kürzlich Stevenson eine Beschreibung geliefert hat[2]). Beide sind so gebaut, daß der Altar sich über dem Grabe erhebt.

Die großen Schwierigkeiten, welche besonders bei Katakombengräbern beim Bau einer Cömeterialbasilika nach diesem ersten Schema zu überwinden waren, brachten es mit sich, daß man häufig darauf verzichtete. Man begnügte sich, die Kirche möglichst nahe an das Grab oder über das Grab zu setzen, und durch einen Gang oder eine Treppe einen directen Zugang zu der verehrten Ruhestätte herzustellen, so daß man von der Kirche aus an diese gelangen konnte.

Ein ganz einzigartiges Beispiel dieser Art von Grabkirchen besitzen wir, durch die im Laufe der letzten Jahre gemachten Ausgrabungen des Passionistenpaters Germano di S. Stanislao, in der Basilika der hh. Johannes und Paulus in Rom. Obwohl im Innern der Stadt gelegen, ist sie doch eine wirkliche Martyrerkirche, und zwar in doppeltem Sinne: sie ist zuerst eine memoria der beiden Heiligen, weil sie über ihrem Wohnhause errichtet wurde, dann aber auch deren Grabkirche, weil die unter Julian dem Apostaten enthaupteten Blutzeugen an einem entlegenen Orte ihres eigenen Hauses durch die Henker heimlicherweise und gegen die Vorschriften der Gesetze begraben worden waren. Die bald nachher vom Senator Pammachius noch im vierten Jahrhundert über dieser doppelt heiligen Stätte erbaute Basilika erhob sich über dem unversehrt gelassenen Erdgeschoß des Hauses, so daß die Gewölbe der Räume den Boden des Neubaues trugen. Die Stelle, wo sich das Grab der Martyrer befand, kam unter die rechte Seite des Mittelschiffes zu liegen. Eine Treppe führte von der Kirche aus in die Wohnzimmer und von dort ein Gang und eine weitere aufsteigende Treppe zu dem Orte, wo die heiligen Leiber ruhten[3]). Da die Basilika im Innern der Stadt lag, wurde sie zugleich für den regelmäßigen Gottesdienst als Stadtkirche

---

[1]) S. die Texte aus Paulinus' Schriften mit den erläuternden Bemerkungen bei Holzinger, Die altchristliche Basilika, S. 25 ff. — [2]) Röm. Quartalschrift 1888, S. 327 ff.
[3]) Römische Quartalschrift 1888, S. 137 ff., und die Notizen in den folgenden Jahrgängen. Mit großer Spannung erwarten wir die ausführliche und mit genauen Plänen versehene Beschreibung, an der P. Germano arbeitet.

(titulus) benutzt und vielfach nach dem Namen ihres Erbauers „Titel des Pammachius" genannt. Sie ist die einzige Grabkirche, welche in Rom im Alterthum zugleich Pfarrkirche war.

Bei den Cömeterialkirchen auf den römischen Katakomben zeigen uns die erhaltenen oder neu aufgefundenen Monumente eine doppelte Verbindung mit den Martyrergräbern: entweder liegen letztere außerhalb der Umfassungsmauer der Kirche, jedoch auf demselben Niveau wie diese, oder die Gräber sind unterirdisch, während die Kirche auf der Oberfläche der Erde steht. Im erstern Falle rückte man die Apsis der Kirche so nahe als möglich an das Grab heran und baute einen Gang bis zu diesem, welcher durch eine Thüre vom Innern der Kirche aus zugänglich war (introitus ad martyres, Eingang zu den Martyrern). Diese Disposition finden wir bei der Cömeterialbasilika der h. Martyrin Beatrix und ihrer Gefährten, welche in der Katakombe der Generosa auf einem Hügel an der Straße nach Porto beigesetzt waren (Fig 12). Papst Damasus, welcher die kleine Basilika (A) erbaute, ließ einen Einschnitt in den Hügel machen bis in die Nähe

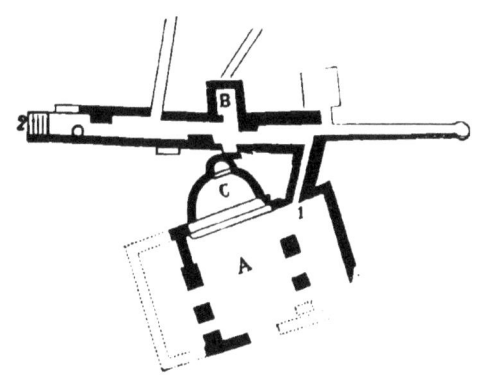

Fig. 12. Cömeterial-Basilika der hh. Beatrix und ihrer Gefährten. (Nach de Rossi.)

des Grabes, das in einer einfachen, schmalen Galerie lag, so daß die fensterlose Apsis (C) ganz von Erde umgeben war, während die Façade und der größte Theil der Seitenmauern frei lagen. Eine Thüre neben der Apsis (1) gewährte zu dem Gange, in welchem das Grab (B) sich befindet, und so zu diesem selbst freien Zutritt. Und um Gedränge unter den Besuchern zu verhindern, wurde durch eine hinter der Apsis sich hinziehende Gräbergalerie ein weiterer Ausgang (2) direct in's Freie geschaffen[1]). In ähnlicher Weise war die etwas weiter von der Grabkammer entfernt liegende und viel größere Basilika des h. Valentin an der Flaminischen Straße (vor porta del popolo) mit der ehrwürdigen Stätte in Verbindung gesetzt[2]).

---

[1]) S. de Rossi, Roma sotterranea III, Tafel 45 und Text zu derselben.
[2]) S. Marucchi, Die Basilika und das Cömeterium des h. Valentin, in der Römischen Quartalschrift 1889, S. 15 ff.

In den meisten Fällen jedoch errichtete man die Cömeterialkirchen dieser Art einfach auf dem Felde (area) über der Katakombe, in möglichster Nähe des unterirdischen Grabes, so daß man auf einer Treppe unmittelbar zu diesem hinuntersteigen konnte. Auf der Calixtkatakombe wurde die vor der Constantinischen Zeit erbaute Cella trichora zur Grabkirche der Papstgruft und der Gruft der h. Cäcilia, indem Papst Damasus nicht weit davon eine neue breite und bequeme Treppe anlegte, auf welcher man direct zu diesen beiden Grüften hinuntersteigen konnte. Die Cella erhielt dann auch den Namen der hh. Sixtus (II.) und Cäcilia, weil diese die berühmtesten dort ruhenden Martyrer waren. In gleicher Weise war die nicht weit von jener entfernt gelegene Cella trichora der h. Soteris mit dem Grabe verbunden, während näher der Appischen Straße hin eine Kirche des h. Cornelius und von dieser aus eine Treppe zu seinem Grabe hinunter erbaut wurde. Gehen wir auf der Appischen Straße etwas weiter, so treffen wir die Cömeterialkirche ad catacumbas, jetzt S. Sebastiano. Diese ist so gebaut, daß zwei Heiligthümer mit ihr verbunden werden konnten: die Stätte, an welcher man eine Zeit lang die Reliquien der beiden Apostelfürsten geborgen hatte, als sie in ihren ursprünglichen Gräbern aus irgend einem Grunde der Profanation ausgesetzt waren, und das Grab des h. Sebastianus. Die beiden unterirdischen Räume liegen unmittelbar in der Nähe der linken Außenwand der Kirche und wurden durch Corridore und Treppen von dieser aus zugänglich gemacht. An der entgegengesetzten Seite der Stadt befindet sich das uralte und wichtige Cömeterium der Priscilla mit der Familiengruft der christlichen Acilii Glabriones, in deren Nähe sich die Gräber der Päpste Marcellinus und Marcellus und des Martyrers Crescentius befanden. Auf dem Grundstücke über diesen Grüften lag das zur cella coemeterialis umgewandelte Villengebäude der Acilii. Dieses ließ Papst Sylvester erweitern und schuf mit Benutzung der älteren Räume eine fast viereckige, dreischiffige Basilika, aus deren Mittelschiff eine Treppe zu den Gräbern hinabführte. Vor dem Chor der von ihm erbauten Kirche wurde Sylvester selbst nach seinem Tode beigesetzt[1]). Die auf dem andern Ufer des Tiber liegende Cömeterialbasilika des h. Pancratius ist in ähnlicher Weise derart gebaut, daß die Grabkammer des h. Martyrers unter der Erde vor die Apsis zu liegen kam, so daß der Altar, wenn auch in einiger Entfernung, über der Grabstätte stand und mit der Kirche durch eine Treppe verbunden wurde.

Zu dieser zweiten Art der Verbindung des Martyrergrabes mit der Cömeterialkirche müssen wir ferner alle jene Fälle rechnen, in welchen man

---

[1]) De Rossi, Bullettino 1890, tav. VI—VII. — Oben S. 23.

von dieser aus zu den Grüften anderer Martyrer außer demjenigen, dessen Namen die Kirche trug, gelangen konnte. Es war nämlich unmöglich, über jedem einzelnen Grabe selbst der berühmtesten und hochverehrten Martyrer ein eigenes Gotteshaus zu errichten. Deshalb ließ man beim Bau irgend einer der angeführten Klassen von Grabkirchen die Galerieen der Katakomben, in welchen Martyrer ruhten, offen und zugänglich, so daß man auch zu diesen mit Leichtigkeit von der Kirche aus gelangen konnte. So dienten die Cömeterialbasiliken sowohl zum öffentlichen Gottesdienst als bei privaten Andachtsübungen der Gläubigen sehr häufig nicht zur Feier des Gedächtnisses e i n e s Martyrers allein, sondern aller derjenigen, zu deren Grabstätten man von der Basilika aus gelangen konnte. Es liegt hier das gleiche Verhältniß vor wie bei den Kirchen auf oberirdischen Cömeterien, mit welchen kleinere Mausoleen mehrerer auf demselben begrabener Martyrer verbunden wurden (s. oben S. 45), mit dem bloßen Unterschied, daß diese oberirdisch, jene unterirdisch zugänglich waren.

Endlich gehören in diese Kategorie von Grabkirchen auch jene, welche unmittelbar an eine vorher bestehende kleinere, das Grab umschließende

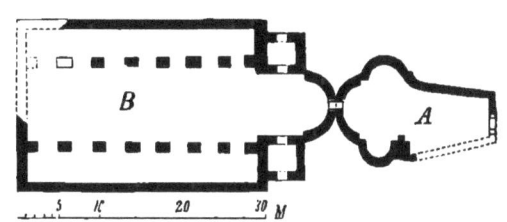

Fig. 13. Doppelkirche der h. Symphorosa.
(Nach Stevenson.)

Kapelle angebaut und mit dieser in Verbindung gesetzt wurden. Zwei lehrreiche Beispiele dieser Art bietet wieder die Umgebung Roms. Das eine ist die Kirche des h. Laurentius außerhalb der Mauern, das andere die der h. Symphorosa an der Straße nach Tivoli. Ueber dem Grabe jenes hochverehrten römischen Diakons hatte bereits Constantin, wie wir sahen, eine kleine Grabbasilika erbaut. Dieselbe genügte bald nicht mehr der Menge der Gläubigen, welche den h. Reliquien ihre Verehrung bezeigen wollten. Man errichtete deshalb neben der bestehenden Kirche auf einem höher gelegenen Niveau eine größere, und zwar so, daß die Apsis der neuen Kirche mit derjenigen der ältern zusammenstieß. Treppen führten rechts und links von ihr in die kleinere Kirche und so unmittelbar an das Grab des Heiligen hinunter. Ganz ähnlich ist die Anlage der Basilika der h. Symphorosa, nur liegen hier die beiden Gebäude auf demselben Niveau, und das kleinere (A der vorstehenden Fig. 13) ist die wirkliche Grabcella, in welcher die heiligen Leiber der Symphorosa und ihrer Söhne begraben worden waren. Ein Bogen in den beiden an einander stoßenden Apsiden gestattete aus der neuen Basilika (B) einen Durchgang in die cella trichora[1]). So konnten auch bei oberirdischen Gräbern die größern Cömeterialkirchen so errichtet werden, daß sie bloß mittelbar mit dem Martyrergrabe in Verbindung standen, ähnlich wie wir es bei zahlreichen römischen Katakombenkirchen gefunden haben

Welches auch immer die Form der Grabkirche der Martyrer war, eines suchte man von Anfang an immer möglich zu machen: einen unmittelbaren Zutritt zu dem Grabe selbst. Am einfachsten und leichtesten ergab sich dies bei der zweiten von uns unterschiedenen Klasse von Martyrerkirchen, bei welchen das Grab nicht unmittelbar unter dem Altare oder im Altare sich befand. Dasselbe blieb so als unabhängige Anlage bestehen, die nur mit der Kirche in Verbindung stand. Hier genügte es, falls nicht schon die Heiligen in größern Krypten ruhten, den Raum bei der Grabstätte so zu erweitern, daß eine größere Anzahl von Gläubigen leicht hinzutreten konnte. Dies geschah; und was besonders Rom und seine Katakomben angeht, so hat Niemand mehr in dieser Beziehung gethan, als Papst Damasus. Diese Krypten wurden auf das reichste mit Marmor, Mosaik und Malerei geschmückt; es waren wirkliche unterirdische Kapellen, in welchen die Verschlußplatte des Arcosoliums[2]) oder ein neben dem Grabe errichteter kleiner Altar zur privaten Darbringung der h. Geheimnisse diente (missa ad corpus, am Leibe gefeierte Messe). Hierher kamen die Gläubigen, um in unmittelbarer Nähe der verehrten Grabstätte zu beten, diese zu berühren, Tücher und andere Gegenstände auf dieselben zu legen und als Reliquien mit sich zu nehmen. Wurde es in Folge einer Erweiterung oder zur Ausschmückung der Krypta, oder wegen des Baues eines Luft- und Lichtschachtes nothwendig, die Grabnische durch Mauerwerk zu schließen, so ließ man doch immer eine kleine viereckige Oeffnung in der Mauer, durch welche hindurch man das Grab selbst sehen und berühren konnte; man nannte diese Oeffnungen „Fensterchen des Grabes" (fenestella confessionis).

Gehörte die Grabkirche zu der ersten Kategorie, bei welcher der Altar sich unmittelbar über der Ruhestätte erhob, so konnte man je nach der Lage derselben in verschiedener Weise eine Verbindung mit dem Grab ermöglichen. Befand sich der Raum, in welchem der Sarg mit den heiligen Gebeinen stand, in einer gewissen Tiefe unter dem Altar, so war der Fall ähnlich wie bei den eben beschriebenen Anlagen: da nämlich

---

[1]) S. Stevenson, La basilica doppia di s. Sinforosa e dei sette suoi figliuoli. In Bullettino di archeol. crist. 1878, S. 75 ff.

[2]) Grabform, bei welcher ein Sarg in dem Boden einer länglichen, mit einem Bogen überdeckten Nische ausgehöhlt wurde.

das Presbyterium fast immer um einige Stufen höher lag als das Schiff der Kirche, so konnte man unter dem Altar und neben dem Grab eine Krypta erbauen, welche durch eine Treppe und einen Corridor unter dem Presbyterium zugänglich war. In dieser Anlage, wie wir sie z. B. bei der Petrusbasilika in sehr früher Zeit finden[1]), haben wir die ersten Ansätze zur Krypta der romanischen Bauperiode, welche den ganzen Raum unter dem hochgelegenen Chor einnimmt; diese ist also in ihrem Ursprunge wesentlich eine durch ein verehrtes Grab bedingte Anlage. Bei weitem in den meisten dieser Grabkirchen jedoch umschloß der Altar selbst das Grab, und dann genügte es, in der Ummauerung desselben eine Oeff=

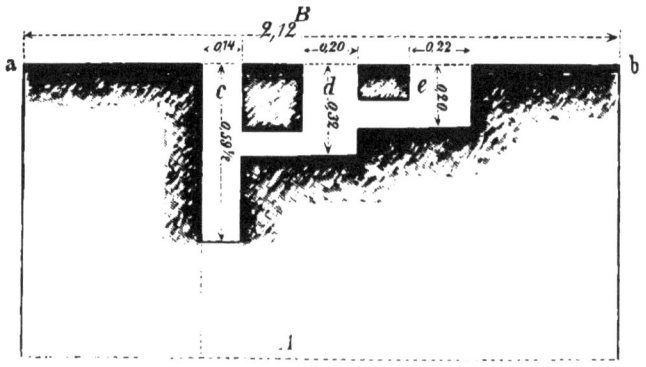

Fig. 14. Schachte unter der Grabplatte des h. Paulus.

Diese Figur zeigt die Anordnung des Altares der Paulusbasilika: A bezeichnet die Stelle der Gruft mit dem Sarge, welcher die Gebeine des Völkerapostels umschloß; B die Stelle des Altares über dem Grabe; a b die Grabplatte unter dem Altare, c d e die Schachte (cataractae), welche näher zur Grabstätte hinunterführten.

nung (fenestella) zu lassen, durch welche hindurch man das Grab be= rühren konnte. Lag dieses in dem Unterbau, auf welchem der Altar ruhte, so ließ man unter der Altarplatte einen hohlen Raum, welcher durch eine kleine verschließbare Thüröffnung (porta confessionis) zu= gänglich war oder in welchen man durch einen durchbrochenen Mar= morverschluß (transenna) oder auch durch eine Fensteröffnung (fenestella confessionis) hineinsehen und Gegenstände mit dem Grabe in Berührung bringen konnte[2]). Wenn der Boden dieses hohlen Raumes unter oder

---

[1]) S. de Rossi, Inscr. crist. urbis Romae, t. II, p. I, S. 229 ff.
[2]) Beispiele von fenestellae confessionis finden sich an verschiedenen Stellen des Bullettino di archeol. crist. von de Rossi, ferner bei Rohault de Fleury, La Messe, pl. XXVIII ff. Holtzinger, Die altchristliche Architektur, S. 122 ff.

in dem Altar nicht durch die Deckelplatte des Sarges gebildet wurde, sondern dieser tiefer stand, legte man kleine Schachte an (cataractae), durch die hindurch man einzelne Gegenstände näher an das Grab bringen konnte. So waren die Grabaltäre (confessio) der Petrus= und der Paulusbasilika in Rom eingerichtet [1]). Alles, was in irgend einer Weise mit der verehrten Grabstätte in Verbindung kam: Tücher (brandea, palliola), die darauf gelegt wurden, Kohlen der Rauchfässer, die über der Grabplatte in einem kleinen Schachte aufgehängt worden waren, Oel aus den Lampen, welche an den Gräbern brannten, selbst die Schlüssel, mit welchen die portae und fenestellae confessionis verschlossen wurden, sahen die Gläubigen als Reliquien an. Bischöfe und Fürsten erbaten sich solche Reliquien, die das Grab des h. Petrus berührt hatten, als Geschenke von den Päpsten, wie wir besonders aus der Correspondenz des h. Gregor d. Gr. sehen, in dessen Briefen sie häufig erwähnt werden.

Hätte man sich begnügt, bloß diejenigen Gotteshäuser als Martyrerkirchen anzusehen, welche über dem wirklichen Grab oder an der Stelle einer localen memoria erbaut wurden, so wäre die Zahl derselben beschränkt geblieben, und sie hätten fast alle außerhalb der Städte gelegen. Allein schon im vierten Jahrhundert begann man, andere Kirchen in besonderer Weise den Heiligen zu weihen und sie gleichsam ebenfalls als Grabkirchen derselben anzusehen, wenn bloß Reliquien der Martyrer in den Altar gelegt wurden.

Wurde der ganze Leib eines Heiligen in eine neue Kirche übertragen, so fand eigentlich eine neue depositio statt, und die betreffende Kirche wurde zur wirklichen Grabkirche. So erhielt man auch innerhalb der Städte eigentliche Martyrer= und Heiligenkirchen, welche deren Grab enthielten. Diese wurden zugleich als Gotteshäuser für die gewöhnlichen liturgischen Versammlungen der christlichen Gemeinde benutzt, wie es mit der Kirche der hh. Johannes und Paulus geschah, die über der ursprünglichen Grabstätte errichtet worden. Diese Translationen des ganzen Leibes heiliger Martyrer begannen schon in der vorconstantinischen Zeit, indem besonders die in fremden Städten gemarterten oder in der Verbannung gestorbenen Bischöfe, sobald die Verfolgung aufhörte, nach ihrer Bischofsstadt zurückgebracht und auf einem Friedhof derselben beigesetzt wurden. Allein hier lag die Sache insofern anders, als die erste Beisetzung überhaupt bloß als provisorisch angesehen wurde, und man von

---

[1]) S. hierüber die vortrefflichen und wichtigen Aufsätze von P. Grisar, S. J., in der Römischen Quartalschrift 1892, S. 119 ff., und in den Studi e documenti di storia e diritto, 1892, auch separat abgedruckt. Aus ersterer ist unsere Figur 14.

vornherein die Absicht hatte, zum definitiven Begräbnisse die sterbliche Hülle an einen andern Ort zu bringen. Die eigentlichen Translationen, von denen wir hier reden, sind solche, bei welchen die Reliquien von Heiligen von ihrer ursprünglichen definitiven Ruhestätte erhoben und in große, fast immer innerhalb der Städte gelegene Kirchen übertragen wurden, damit sie dort unter die Altäre geborgen und so in besonderer Weise geehrt werden konnten. Die älteste Nachricht, welche wir über eine derartige Uebertragung der Gebeine eines Heiligen besitzen, ist aus dem Jahre 356, in welchem Kaiser Constantius die Reliquien des h. Timotheus aus Ephesus in Jonien nach Constantinopel bringen ließ. Im darauf folgenden Jahre übertrug derselbe Herrscher die Gebeine der hh. Andreas und Lucas nach der Apostelkirche seiner Hauptstadt. Wir erfahren im Laufe des vierten und fünften Jahrhunderts noch von mehrern andern derartigen Translationen, welche im Orient geschahen[1]). Im Abendlande begannen dieselben ebenfalls gegen Ende des vierten Jahrhunderts mit der im Jahre 386 durch den h. Ambrosius vorgenommenen Uebertragung der Reliquien der Martyrer Gervasius und Protasius in die von ihm erbaute Basilika[2]). Einige Jahre später (393) übertrug der h. Ambrosius die Gebeine der hh. Vitalis und Agricola in Bologna vom jüdischen Friedhof in eine innerhalb der Stadt gelegene Kirche[3]). Einzelne Andeutungen christlicher Schriftsteller derselben Zeit scheinen zu beweisen, daß auch anderweitig die Gebeine eines Heiligen transferirt wurden; jedoch nahmen diese Translationen in den beiden folgenden Jahrhunderten im Abendlande keinen Fortgang, da besonders die Praxis der römischen Kirche ihr entgegen war. Hier galt es als feststehende Regel, daß die Grabesruhe der Heiligen unverletzlich sei, und die großen Arbeiten, welche man unternahm, um die Cömeterialbasiliken so zu bauen, daß der Altar auf das Grab eines Martyrers zu stehen kam, ohne daß man diesem eine andere Stelle zu geben brauchte, zeigt es zur Genüge. Es bestand darin ein Unterschied zwischen der Praxis in der griechischen und in der lateinischen Kirche, auf welchen der h. Gregor I. in einem Briefe vom Jahre 594 an die Kaiserin Constantina hindeutet[4]). „In Rom," sagt er, „und im ganzen Abendlande würde man es als ein ganz unerträgliches Sacrileg ansehen, wenn Jemand die Leiber der Heiligen anrühren wollte. Deshalb wundern wir uns sehr über die Gewohnheit der Griechen, die Leiber der Heiligen selbst von der Stelle zu heben;

---

[1]) Kraus, Real-Encyklopädie, Art. Translation, II, S. 913 ff. (von Sdralek).
[2]) Epistola s. Ambrosii 22, ad Marcellum. Cf. S. Augustinus, Confess. IX, cap. 17.
[3]) Ambrosius, Exhortatio de virginitate. 1.
[4]) Gregorii M. epist. IV, 30.

wir können kaum glauben, daß sie es thun." Wir kennen mit Sicherheit bloß eine Translation in Rom vor dem achten Jahrhundert: die Reliquien des Papstes Zephyrinus und des Acolythen Tarsicius waren aus der Calixt-Katakombe in eine über derselben liegende Kirche, nämlich in die alte Cella trichora über der Papstgruft, gebracht worden, wahrscheinlich in Folge von Restaurationsarbeiten, bei welchen die beiden Gräber hätten verdeckt werden müssen. Erst nachdem in Folge der schrecklichen Verwüstungen in der Umgebung Roms durch die ununterbrochenen Einfälle der Barbaren vom fünften bis zum siebenten Jahrhundert die Kirchen über den Katakomben größtentheils zerstört, die Bevölkerung decimirt und verarmt war, und in Folge davon die Gräber der Heiligen entweiht und verwahrlost da lagen, ja aus manchen die Gebeine durch die Langobarden weggeführt worden waren — erst dann entschloß sich Papst Paul I. (757—767), die Gebeine aus den ursprünglichen Gräbern zu erheben und in die Stadtkirchen zu übertragen. Eine der ersten dieser Translationen war die der h. Petronilla aus der Cömeterialkirche in der Domitilla-Katakombe in ein Mausoleum der kaiserlichen Familie neben der alten Peterskirche, welches in ein Oratorium jener Heiligen umgewandelt wurde[1]). Nachdem sich die Nachfolger Paul's vergebens bemüht hatten, die Verehrung für die Martyrergräber wieder zu entflammen, begann Paschalis I. (817—824), das Vorgehen Paul's I. wieder aufzunehmen; seine Nachfolger folgten seinem Beispiele, und so kamen mit Ausnahme einiger hauptsächlicher Heiligen, deren Kirchen erhalten blieben und noch jetzt bestehen, die Gebeine aller Martyrer, deren Gräber man kannte, in die Kirchen innerhalb der Stadt Rom[2]). Damit war die alte Disciplin definitiv durchbrochen, und die Reliquien wurden in der abendländischen Kirche nun ebenso vertheilt wie in der morgenländischen.

Um eine Kirche, einen Altar einem Heiligen zu weihen, bedurfte es jedoch nicht der Beisetzung seines Leibes daselbst: eine Reliquie im engern Sinne (Theile der Gebeine, der mit Blut getränkten Tücher) und andere Reliquien im weitern Sinne (Stückchen von den Marterwerkzeugen und die oben beschriebenen Gegenstände, welche mit einem Martyrergrabe in Verbindung gebracht worden waren) genügten, um den ganzen Leib in Bezug auf die Dedication einer Kirche zu Ehren eines Heiligen darzustellen. Man hat in den letzten Jahren gerade in Bezug auf diese

---

[1]) De Rossi, Bullettino, Ser. III, Bd. III (1878), S. 139 ff. und Bd. IV (1879), S. 9 ff.
[2]) S. Kraus, Roma sotterranea, 2. A., S. 114 ff.

Reliquienkirchen sehr interessante Entdeckungen gemacht, welche besonders vom fünften Jahrhundert an diese immer mehr sich ausbreitende Praxis klarlegen [1]).

Das älteste Monument dieser Art, welches wir bis jetzt kennen, ist eine bei Setif in Algier gefundene Inschrift mit dem Datum des Jahres 359, auf welcher die Reliquien genannt sind, welche bei der Dedication einer Basilika in den Altar eingeschlossen wurden [2]). Wir finden dort zunächst erwähnt „vom Holze des Kreuzes" (DE LIGNV CRVCIS), ein monumentaler Beleg für die Worte des h. Cyrillus von Jerusalem: „Auch ist bereits die ganze Erde von Theilen des Kreuzes erfüllt" [3]); ferner „von der Erde der Verheißung, wo Christus geboren wurde" (DE TERra PROMISIONIS VBE NATVS EST CHRISTVS). Die Theile des Kreuzes Christi, welche nach dem Zeugnisse des Cyrillus überall verbreitet waren, wurden somit als Reliquien in die Altäre niedergelegt nebst Theilen vom Boden neben der Kirche an der Geburtsstätte zu Bethlehem. Der h. Augustinus erzählt von einem gewissen Hesperius, welcher zur Bekämpfung teuflischen Einflusses in seinem Hause heilige Erde aus Jerusalem erhalten hatte, und später dieselbe in den Boden legte, um darüber eine Kirche zu bauen [4]). Eine weitere Inschrift aus Africa, welche bei Cap Matifou (östlich von Algier) gefunden wurde, er-

---

[1]) S. die beiden wichtigen Monographieen von de Rossi, La Capsella argentea africana donata a S. S. Leone XIII dall' Em. Card. Lavigerie, Roma 1889, 33 S. Fol., und Swoboda, Frühchristliche Reliquiarien des k. k. Münz- und Antiken-Cabinetes. In den „Mittheilgn. der k. k. Central-Commission" 1890, Heft I und separat.

[2]) S. den Bericht von Audollent in den Mélanges d'archéologie et d'histoire de l'Ecole franç. de Rome, 1890. Ihrer Wichtigkeit wegen theilen wir die Inschrift im Wortlaut mit, so wie ihn Audollent a. a. O. S. 441 f. hergestellt hat.

☧ Memoria sa(n)cta. — Victorinus Miggin septimu(m) idus sept(e)m(b)r(es) bdo et dabulail, de lign(o) crucis, de ter(ra) promis(si)onis ub(i) natus est C(h)ristus, apostoli Petri et Pauli, nomina m(a)rt(y)rum Datianis, Donatiani, C(y)priani, Nemes(i)ani, (C)itini et Victo(ri)as. An(n)o prov(inciae) (tr)ecentivi(g)es(imo). — Posuit Benenatus et Pequarla.

Heiliges Monument. — Victorinus, Miggin, 7. September. bdo et dabulail (?) vom Holze des Kreuzes, von der Erde der Verheißung, wo Christus geboren wurde, der Apostel Petrus und Paulus, die Namen (= Reliquien) der Märtyrer Datianus, Donatianus, Cyprianus, Nemesianus, Citinus und Victoria. Im Jahre der Provinz 320 (d. h. nach Chr. 359). — Benenatus und Pequarla haben (die Inschrift) gesetzt.

Die Worte Victorinus Miggin bis bdo einschließlich wurden später über die Zeilen hinzugefügt, als die Reliquien der hh. Victorinus und Miggin zu den andern gelegt wurden.

[3]) Cyrillus Hieros. Catech. IV, cap. 10; cf. X, c. 19; XIII, c. 4. — S. Paulini Nol. epist. XXXI, 6; ed. Migne, Patr. lat. t. LXI.

[4]) Augustin, De civitate Dei; XXII, c. 8, n. 6 (Migne, P. L. XII, S. 764).

wähnt gleichfalls Reliquien des h. Kreuzes¹). Auf der Algerischen Inschrift folgen die Namen der hh. Petrus und Paulus und mehrerer africanischer Martyrer. Es unterliegt keinem Zweifel, daß die Reliquien derselben solche im uneigentlichen Sinne waren; wir werden später von diesen handeln, bemerken jedoch gleich hier, daß dieses das älteste bis jetzt bekannte Zeugniß ist für die Verwendung selbst von solchen Reliquien der beiden Apostelfürsten bei der Weihe einer Kirche. Sehen wir jetzt, wie es mit den wirklichen Reliquien von Martyrern und Heiligen bei der Consecration der Altäre bestellt war.

Wie im Orient zuerst das Eröffnen von Gräbern der Martyrer und die Translation ihrer Gebeine in Gebrauch kam, so verließ man auch hier schon im vierten Jahrhundert die alte kirchliche Praxis, die Ueberreste der Blutzeugen ganz in das Grab zu legen. Schon während der Diocletianischen Verfolgung behielten die Christen, welche die Asche und die Reste der Gebeine der berühmten 40 Martyrer von Sebaste aus dem Scheiterhaufen auflasen, um diese ehrwürdigen Ueberreste zu bestatten, kleine Theile von denselben für sich zurück. Als dieses bekannt wurde, begehrten viele Gläubigen einen Antheil dieser kostbaren Reliquien zu erhalten, und so waren dieselben bereits in der ersten Hälfte des vierten Jahrhunderts an verschiedene Orte Kleinasiens, Thraciens und selbst bis nach Italien gekommen²). Der h. Gregor von Nyssa sagte in einer Homilie auf die 40 Martyrer: „Die Asche dieser Martyrer und was nach ihrer Verbrennung von den Leibern übrig blieb, sind so über die Erde zerstreut, daß fast jede Provinz an dieser Segnung Theil hat"³). Dieselben wurden ebenfalls in die Altäre von Kirchen niedergelegt, wie wir aus mehrern Zeugnissen erfahren. So berichtet Sozomenus⁴), eine Diakonissin der häretischen Macedonianer in Constantinopel habe am Ende des vierten Jahrhunderts zwei silberne Salbengefäße mit Reliquien der 40 Martyrer unter die Platte des Altars in einem unterirdischen Oratorium niedergelegt, in welchem sie ihr Grab hatte herrichten lassen. Beim Bau einer Kirche an derselben Stelle im Jahre 438 habe man den Reliquienaltar wieder aufgefunden. Als Kaiser Justinian die Irene-Kirche in Constantinopel, welche bereits in den Acten des Concils von Ephesus (431) erwähnt wird, erneuern ließ, fand man im Altar eine runde Pyxis mit Asche derselben Heiligen; offenbar waren die Reliquien

---

¹) Corpus inscr. latin. Bd. VIII, n. 9255. — Flavius Nuvel, seine Frau Nonnica und deren Familie errichteten dort eine Basilika, in welche „vom heiligen Holze des Kreuzes Christi des Erlösers" gebracht wurde.
²) Tillemont, Mémoires pour servir à l'histoire ecclés. V, S. 524.
³) Gregorii Nyss. Homilia in 40 mart. Ed. Migne, Patr. gr. XLVI, S. 783 ff.
⁴) Hist. eccl. IX, 2.

schon bei der Einweihung der Kirche dort beigesetzt worden¹). Die kirchliche Praxis war also im vierten Jahrhundert im Orient dieselbe, welche später allgemein nach und nach zum Gesetz erhoben wurde. Zahlreiche Reliquien ex ossibus kamen im fünften Jahrhundert in die verschiedensten Gegenden in Folge der Auffindung des Grabes, in welches der h. Erzmartyrer Stephanus beigesetzt worden war. Im Jahre 415 fand man dasselbe in Jerusalem wieder, eröffnete es, und nach der schon eingebürgerten Praxis des Orients wurden sehr bald Theilchen der Reliquien an zahlreiche Personen abgegeben. So erhielt unter Andern der Bischof Evodius von Uzala in Africa, Freund des h. Augustinus, Theile dieser ehrwürdigen Ueberreste, von welchen er auch an andere Orte versandte²). In der Nähe von Sitifi (Setif) in Nordafrica fand man eine irdene Platte mit folgender Inschrift: HIC MM SCOR | STEFANI ET | LAVRENTI | LVLIANI | POSSV | XII KL APRL — nABORI ET SCI STEFANI (Hic memoriae sanctorum Stefani et Laurentii, Luliani positae sunt XII Kalendas Aprilis. — Nabori et sancti Stefani³). (Die vier letzten Worte wurden später hinzugefügt.) Es ist offenbar eine Authentik, welche zu den Reliquien dieser Heiligen gelegt wurde, als man dieselben in einen Altar einschloß. Der h. Stephanus ist gewiß kein anderer als der Erzmartyrer, und die Reliquien waren wohl Theilchen von seinen Gebeinen, welche, wie wir eben sahen, ebenfalls nach Africa gebracht worden waren. Prudentius erwähnt in seiner Schilderung des glorreichen Martertodes des h. Bischofs Fructuosus von Saragossa und zweier Diakonen das große Verlangen der Gläubigen, von der Asche, welche nach Verbrennung der h. Leiber übrig blieb, mit nach Hause zu nehmen und am Halse zu tragen, obwohl sie durch übernatürliche Erscheinungen ermahnt wurden, alle Ueberreste in das Grab zu legen und nichts zurück zu behalten⁴). Dies beweist für das Ende des vierten und den Anfang des fünften Jahrhunderts den Widerstreit zwischen der alten kirchlichen Disciplin, welche alles, was vom Leibe eines Martyrers übrig war, zu begraben befahl, und dem Verlangen der Gläubigen, Theile der Reliquien zu besitzen, um so den Heiligen ihre Verehrung zu bezeigen und sich ihres besondern Schutzes zu versichern.

Wenn so auch im Abendlande Reliquien im eigentlichen Sinne

---

[1]) Procopius, De aedificiis I, 7.
[2]) S. die Schrift „De miraculis s. Stephani" bei Migne, Patr. lat. XLI, S. 833 ff.
[3]) „Hier sind Reliquien (das ist der Sinn von memoriae) der hh. Stephanus und Laurentius, Lulianus; sie wurden beigesetzt den 21. März. — Des Nabor und des heiligen Stephanus."
[4]) Prudentius, Peristephanon VI, 130—141. Migne, Patr. lat. LX, S. 421 f.

(ex ossibus) verbreitet waren, so hielt man doch im Allgemeinen, besonders in Rom, an der alten Praxis fest, die Gräber der Heiligen und deren Inhalt nicht zu verletzen. Daher kam es, daß die bei Einweihung der Kirchen in die Altäre niedergelegten Reliquien der Heiligen, deren Gräber sich in den occidentalischen Ländern befanden, meistens Reliquien im weitern Sinne waren: Stückchen von Tüchern, die mit dem Blute von Martyrern getränkt worden, Theilchen der Marter-Instrumente und der Ketten, Krüglein mit Oel von den Lampen, die an deren Gräbern brannten, Tücher, welche auf das Grab gelegt worden waren, und ähnliche Gegenstände. Am meisten verbreitet von allen derartigen Reliquien waren solche der Apostelfürsten Petrus und Paulus. Nicht nur für die ihnen zu Ehren erbauten Kirchen, sondern auch für die andern Heiligen geweihten Gotteshäuser suchte man solche zu erhalten. Als der nachmalige Kaiser Justinian im Jahre 519 eine Kirche der Apostelfürsten erbauen ließ, begehrte er von den Legaten des Apostolischen Stuhles in Constantinopel, sie möchten ihm Reliquien der Apostel und des h. Laurentius „nach der Sitte der Griechen", d. h. von den Gebeinen, verschaffen. Allein die Legaten erwiderten, dies sei „nach der Gewohnheit des Apostolischen Stuhles" unmöglich. Darauf begnügte sich Justinian mit andern Reliquien, und die Legaten schrieben dem Papste Hormisdas, er möge befehlen, „daß demselben der Sitte gemäß Heiligthümer (sanctuaria) der seligen Apostel Petrus und Paulus geschickt würden, welche in die zweite Cataracta[1]) wo möglich gelegt worden waren. Er begehrt ebenfalls Theilchen von den Ketten der hh. Apostel und von dem Roste des h. Martyrers Laurentius. Diese Reliquien mögen dem Abgesandten Justinian's in Rom, jede in einer eigenen silbernen Capsel, gegeben werden"[2]). Schon viel früher waren solche Reliquien der Apostel aus Rom nach dem Orient gekommen, um in Apostelkirchen (ἀποστολεῖα) beigesetzt zu werden. Im Jahre 394 ließ Rufinus auf einem Grundstück bei Chalcedon eine Kirche zu Ehren der hh. Petrus und Paulus erbauen und sich für dieselbe von Rom aus Reliquien der beiden Apostel schicken[3]). Noch früher, nämlich vor dem Jahre 386, weihte der h. Ambrosius in Mailand die „Basilika Romana" mit solchen Reliquien (pignora) der Apostelfürsten, welche er von Rom erhalten hatte[4]). Die monumentalen Funde der letzten Jahre,

---

[1]) Das heißt in den Schacht, der näher zur Grabkammer vom Raume unter dem Altar aus hinabführte. S. oben S. 58.
[2]) Epistolae Rom. Pont. ed. Thiel. S. 874 ff.
[3]) Acta Sanctorum, Juni, B. IV. S. 325. — S. Duchesne, Bulletin hellénique 1878. S. 292 f.
[4]) S. Ambrosii epist. 22. — S. Paulinus, Vita Ambrosii c. 33.

besonders aus Africa, zeigen, wie sehr dieser Gebrauch im IV., V. und VI. Jahrhundert verbreitet war. Die wichtige, oben mitgetheilte Inschrift vom Jahre 359 erwähnt nach den Reliquien aus Palästina ebenfalls solche der hh. Petrus und Paulus. In den Ruinen einer christlichen Kirche nicht weit von Tebessa kamen Fragmente einer Dedications-Inschrift zu Tage, die neben africanischen Martyrern die „Apostel" nennt, offenbar die beiden Apostelfürsten, deren Reliquien in den Altar gelegt worden waren. Sie lautet, mit den Ergänzungen, welche der Finder machte: HIC Est domVS dei hic MEMOria APOSTOLorum et BEATI EMERITI GLORIOSI CONSVLTI¹). „Hier ist das Haus unseres Gottes, hier die Reliquien der Apostel und des seligen Emeritus (und des) glorreichen Consultus." Das Wort memoria hat in der Sprache der kirchlichen Schriftsteller des Alterthums vor allem die Bedeutung „Grab, Grabdenkmal"; dann bezeichnete man damit einen Ort oder Gegenstand, an welchen sich das Andenken eines Martyrers knüpfte; und so erhielt es den Sinn von: Ort der Aufbewahrung von Reliquien, Reliquiar. Der h. Augustinus erzählt von einer feierlichen Procession zu Ehren der Reliquien des h. Stephanus, während welcher der Bischof Lucillus „die memoria des Martyrers trug, während das Volk voranging und nachfolgte"²). Und etwas später berichtet er die Uebertragung von Reliquien (memoria) desselben Martyrers durch einen Bischof Possidius³). Aus diesen Stellen geht die Bedeutung von „memoria" als Reliquienbehälter klar hervor. Dasselbe findet sich fast regelmäßig auf den Inschriften von Altären und Kirchen in Africa, auf welchen die Namen der Heiligen stehen, deren Reliquien dort verehrt wurden. Die beiden Apostelfürsten werden noch auf folgenden Inschriften erwähnt:

Auf einer Steinplatte, welche zu einem Altar gehörte, gefunden in einiger Entfernung von Aïn-Beida, steht: HIC MEMORIE SANCTO | RV PAVLI PETRI DONATI MIGGINIS BARICIS. — „Hier sind Reliquien der heiligen Paulus, Petrus, Donatus, Miggin, Barix"⁴). Einige Fragmente einer Inschrift aus Orleansville ergeben ebenfalls eine „memoRIA APOSTOLORVM petRI ET PAVLI"⁵). Leider sind bloß wenige Ueberreste der monumentalen Inschrift einer zerstörten Basilika aus der Nähe von Aïn-Beida erhalten, unter deren Altar man ein vollständig unversehrtes, herrliches silbernes Reliquiar fand, von dem unten ausführlicher Rede sein wird. Die Wiederherstellung des

---

¹) Farges im Bulletin de l'Académie d'Hippone 1884 n. 18.
²) De civ. Dei, XXII, c. 8, n. 11.
³) Ibid. n. 12. „memoriam supradicti martyris (Stephani) Possidius illo advexit episcopus." — ⁴) Ephemeris epigraphica, VII, S. 261 Nr. 790. — ⁵) Rénier, Inscriptions d'Algérie, n. 3705.

Textes versuchte de Rossi¹), und zwar in folgender Weise: „HIC domus Dei . . . hic eST EXauditio precum (?) hic memoriae peTRI PAuli (oder hic est exauditio precum sanctorum Petri et Pauli), StephanI (?), LAVRentii Xysti (?), HippoLITI . . . ." — „Hier ist die Erhörung der Gebete, hier die Reliquien des Petrus, Paulus (oder hier ist die Erhörung der Gebete der heiligen Petrus, Paulus) Stephanus, Laurentius, Xystus, Hippolytus . . ." — Das häufige Vorkommen von „memoriae" der Apostelfürsten ist der sicherste Beweis dafür, daß auch Inschriften, wo einfach „die Apostel" erwähnt sind, auf Reliquien der hh. Petrus und Paulus hinweisen. Wir haben schon eine solche erwähnt; hier ist eine andere, welche aus Numidien stammt:

„✶ | MEM | ORIA | APOS | TOLO RV"²) — „Memoria der Apostel"

Ohne Zweifel war eine Basilika aus der Umgegend von Tebessa, über deren Eingangsthor die Inschrift der Apsis von St. Peter in Rom wiederholt war, mit Reliquien der Apostelfürsten conjecrirt worden³).

Von besonderm Werthe für unsere Untersuchungen ist endlich der Baldachin (Ciborium) eines Altars, welcher aus den Ruinen von Megroun, südlich von Tebessa, zum Vorschein kam. Derselbe besteht aus einem einzigen Marmorblock, welcher in Gestalt eines Bogens ausgehauen ist, und zeigt auf der Frontseite zwischen zwei Constantinischen Monogrammen (✶) die Aufschrift: MEMORIA DOMNI PETRI ET PAVLI. Der Gebrauch des Wortes „Domnus" (Dominus, Herr) für sanctus und die Form der Monogramme beweisen, daß das Monument noch dem IV. Jahrhundert oder spätestens dem Anfange des folgenden angehört.

Nach den Apostelfürsten genoß unter allen römischen Martyrern keiner größere Verehrung als der h. Diakon Laurentius. Sein Grab stand über die Grenzen Roms und Italiens hinaus in höchstem Ansehen, und wurde von den Rompilgern regelmäßig besucht. Kein Wunder, daß man bestrebt war, in andern Städten ebenfalls durch die in den Kirchen beigesetzten Reliquien in einem gewissen übertragenen Sinne sein Grab zu besitzen. Wir haben seinen Namen bereits in den Listen der Heiligen gefunden, deren „Segnungen" (wie die uneigentlichen Reliquien auch genannt wurden) bei der Einweihung africanischer Kirchen in den Altar eingeschlossen wurden. Aus Sitifi (Sétif) stammt eine weitere Inschrift, welche das uns beschäftigende Thema trefflich illustrirt, da darauf ausdrücklich erwähnt wird, in der Kirche, in welcher das

---

¹) La capsella argentea africana, S. 14 ff. — ²) Ephemeris epigraphica, VII, S. 105 ff. — ³) De Rossi, Bullettino, 1879, S. 163 f.

Monument sich einst befand, seien die Reliquien des h. Laurentius beigesetzt worden, während sie durch den Bischof eingeweiht wurde, am 3. August des Jahres 452. Die Inschrift ist zu wichtig, als daß ich nicht den vollständigen Text mittheilen sollte. Sie lautet:

IN · HOC · LOCO · SANCTO · DEPOSI
TAE · SVNT · RELIQVIAE · SANCTI
LAVRENTI · MARTIRIS · DIE III MN
AVG̅ · CONS · HERCVLANI · V̅C̅
DIE · DOMN · DEDICANTE · LAVRENTIO
VVS · P · MOR · DOM · AN · P · CCCCXIII · AMEN.

In hoc loco sancto depositae sunt reliquiae sancti Laurenti(i) martiris die tertia mensis Augusti consulatu Herculani v(iri) c(larissimi) die dom(i)n(ica) dedicante Laurentio v(iro) v(enerabili) s(acerdote) p(ost) mor(tem) dom(ini) an(no) p(rovinciae) 413 Amen. — In diesem heiligen Orte wurden beigesetzt die Reliquien des heiligen Laurentius, Martyrers, am dritten Tag des Monates August unter dem Consulat des Herculanus des erlauchten Mannes (= im J. 452) an einem Sonntage, während die Einweihung vornahm Laurentius der ehrwürdige Mann, Bischof[1]) nach dem Tode des Herrn im Jahre der Provinz[2]) 413. Amen[3]).

Naturgemäß äußerte sich die Verehrung gegen die africanischen Martyrer in gleicher Weise dadurch, daß man die Gegenstände, welche ihr Grab berührt hatten, in die Altäre einschloß als Reliquien. Mehrere Namen einheimischer Heiligen haben wir bereits auf den angeführten Inschriften neben denen römischer Martyrer und der Erwähnung von Reliquien des h. Kreuzes und des h. Landes angetroffen. Andere Monumente erwähnen bloß Reliquien africanischer Martyrer, wie z. B. die folgenden:

HIC MEMORIA SANCTORVM
PRIMI ET QVINTASI. — Aus Tebessa[4]).

HIC HABENTVR MEMORIE SACM
PANTALEONTI IVNANI E COMITV.

---

[1]) „Sacerdos" wurden nämlich häufig die Bischöfe im V. und VI. Jahrhundert besonders auf Inschriften genannt, während die Priester mit „presbyter" bezeichnet wurden.

[2]) Mauritanien hatte damals eine eigene Zeitrechnung, welche im 39. Jahre der Aera nach Christi Geburt begann.

[3]) Nach de Rossi, Inscriptiones christianae urbis Romae, I, Introd. S. VI s. — Vgl. Corp. inscr. lat. VIII n. 8630.

[4]) De Rossi, Capsella argentea, S. 30. „Hier sind Reliquien der heiligen Primus und Quintasus.

Die letztere Inschrift steht auf einer Marmorplatte von 1 M. Länge und 0,60 M. Breite, welche in einem Oratorium in Heidra (dem alten Ammedera), das zu Anfang des VI. Jahrhunderts bestand, zum Vorschein kam und offenbar zum Altar desselben gehört hatte [1]).

Durch Vergleich einer Reihe von Inschriften hat Audollent [2]) nachgewiesen, daß auch das Wort „nomen" (Namen), ähnlich wie memoria, auf Inschriften zur Bezeichnung der Reliquien in den Altären der Kirchen gebraucht wurde. Als Beispiel diene folgende Inschrift:

☧
NOME MARTV
RIS CALENDIONI
S AIVTE · S · QVI BOT
VM CONPLEBERVN
T ☧

Nomen martyris Calendionis aiutes qui votum compleverunt. Namen (Reliquien) des Martyrers Calendion (am 15. November wurde sein Fest gefeiert). Hilf denen, welche das Gelübde erfüllten (indem sie die memoria, an welcher die Inschrift sich befand, errichteten).

Wir könnten noch mehrere ähnliche Inschriften anführen [3]); allein die vorstehenden genügen, um zu beweisen, wie nach und nach in der zweiten Epoche des christlichen Alterthums die Reliquienkirchen sehr zahlreich werden mußten. Wohl die meisten in jener Zeit erbauten Gotteshäuser waren einem Heiligen geweiht, und zur Einweihung derselben suchte man Reliquien zu erhalten, um sie in den Altar niederzulegen. Die Grab- und Reliquien-Kirchen wurden bald zahlreicher als die andern. Schon im Jahre 398 befahl ein Concil von Carthago, die Altäre, welche stellenweise auf den Aeckern und an den Wegen als „memoriae" von Martyrern errichtet worden waren, abzubrechen, wenn nicht dort das wirkliche Grab oder eine Reliquie, die locale Erinnerung ihrer Wohnung oder des Ortes ihres Todes sich fanden [4]). Dieser Canon, welcher eine genaue Definition der „Memoria" eines Martyrers giebt, beweist nicht, daß es überhaupt damals keine Altäre ohne Reliquien in Africa mehr hätte geben können; er will nur verhindern, daß ein

---

[1]) Der Text lautet: „Hic habentur memori(a)e sanctorum Pantaleonti(s) Junani e(t) comitum." Hier sind Reliquien der heiligen Pantaleon, Junanus und ihrer Begleiter. — Bull. di arch. crist. 1877. S. 108 ff.

[2]) Mélanges d'archéol. et d'histoire de l'Ecole française de Rome. 1890. S. 527. Vgl. Wattenbach, Geschichtsquellen 3, 1, 198, A. 5.

[3]) S. Mélanges d'archéol. et d'histoire, 1890. S. 525 ff.

[4]) Acta concil. ed. Coleti. B. II. S. 1456 f.

Altar zu Ehren eines Heiligen errichtet werde an einem Orte, der nicht durch eine wirkliche memoria desselben geweiht war. Es gab noch Gotteshäuser zur Abhaltung der regelmäßigen liturgischen Versammlungen innerhalb der Städte und Dörfer, in deren Altar keine Reliquien waren. Allein ihre Zahl wurde immer kleiner, und gegen Ende des christlichen Alterthums wurde wohl kaum in der ganzen Kirche ein Gotteshaus mehr eingeweiht, ohne daß Reliquien von Heiligen (benedictiones, pignora, sanctuaria) im Altar eingeschlossen wurden, falls nicht eine andere memoria eines solchen sich an der Stelle befand. Hatte man keine Reliquien, so legte man statt ihrer wohl Pergament mit Stellen aus den Evangelien oder selbst Fragmente consecrirter Hostien in den Altar, wie ein Concil von Celichyt in England vom Jahre 816 bestimmt [1]).

Der Altar, in welchem Reliquien eines Heiligen irgend welcher Art sich befanden, wurde gleichwie das wirkliche Grab desselben angesehen und behandelt. Die Reliquien wurden in Capseln, meistens aus kostbarem Metall verfertigt und kunstvoll geziert, eingeschlossen und diese in den Altar gelegt. Man hat mehrere dieser Behälter aufgefunden: in Rom ein silbernes Gefäß von der Gestalt der alten Balsamarien unter dem Altar der Basilika der zwölf Apostel, welcher unter dem Pontificate Johann's III. (560—572) errichtet worden war [2]); in Grado (Istrien) zwei Silber-Reliquiare mit den Bildern und Namen der Heiligen, deren pignora sich darin befanden, darunter auch die der seligen Jungfrau Maria [3]); in Zeno (Südtirol) ein ovales Silbergefäß, dessen Inhalt durch Untersuchung mit dem Mikroskop als Ueberreste von Blut erkannt wurden [4]); in Rimini eine Bleicapsel, welche noch in der Säule, die den Altartisch getragen hatte, eingeschlossen war [5]); in Pola (Istrien) eine kunstvoll gearbeitete und mit Heiligenbildern verzierte sechseckige silberne Büchse, in welche noch ein kleineres Goldgefäß eingeschlossen war [6]); in der oben erwähnten Basilika bei Ain-Beida in Africa eine

---

[1]) Concil. Celich. bei Hardouin, IV, S. 1220.

[2]) Garrucci, Storia dell' arte christiana, VI, S. 27—28. — Bonelli, Memorie storiche della basilica dei ss. XII Apostoli. Roma 1879, S. 50 ff.

[3]) De Rossi, Bullettino, 1873, S. 155 ff. und tav. X—XI.

[4]) Archäologisch-epigraphische Mittheilungen aus Oesterreich, 1881, S. 118 ff.

[5]) Atti della deputazione di storia patria per la provincia di Romagna, 1863, S. 62.

[6]) Swoboda beschreibt den Fund in folgender Weise: An der Südseite des Domes von Pola wurde in den letzten Decennien ein Schatz von hohem Interesse für die Kunst und Liturgie der ausgehenden antik-christlichen Cultur-Periode gefunden. Von der südlichen Domwand, der Sacristei und der Domstraße wird dort ein Platz von 40 M. Länge und 18 M. Breite eingeschlossen, in dessen Mitte sich gegenwärtig eine auf Stufen zu ersteigende Cisternen-Anlage befindet. Im luftigen Schatten hoher bis an's Dach des Domes reichender

ebenfalls reich mit Bildwerk geschmückte ovale Capsel, welche Cardinal Lavigerie dem h. Vater Leo XIII. zum goldenen Priester-Jubiläum schenkte, und die von de Rossi in einer klassischen Monographie behandelt wurde [1]).

Die Deposition der Reliquien in ihren Behältern in den Altar konnte auf verschiedene Weise geschehen. Häufig wurden dieselben gerade so behandelt wie die Särge, welche den ganzen Leib eines Heiligen umschlossen. Man legte unter dem Boden der Basilika eine Vertiefung an, in welche die in einen Kasten aus Stein oder Marmor eingeschlossene Capsel hineingestellt wurde; die Vertiefung wurde mit einem Gewölbe oder einer Steinplatte verschlossen und darüber der Altar errichtet. Man hat verschiedene der oben erwähnten Reliquien-Capseln in dieser Weise gefunden [2]). In Zeno war die Capsel in einen Steinbehälter von der Form eines römischen Sarkophags eingeschlossen; dieser stand in einem kleinen unterirdischen gewölbten Gemach, über welchem eine Steinplatte lag, in der vier Säulchen befestigt waren, auf denen die Altarplatte ruhte (tischförmiger Altar). Das Reliquiar von Pola war gleichfalls in einem unterirdischen Raume, der jetzt außerhalb der Umfassungsmauer der Kirche liegt, eingeschlossen. In Grado stand der kleine Sarg, welcher die Capseln enthielt, in einem viereckigen Grab, dessen Deckplatte mit dem Boden der Kirche unter dem Altar auf einem Niveau lag. (Fig. 15.) Dasselbe war bei dem Altargrab der Kirche Dodici Apostoli in Rom der Fall, während der viereckige Steinbehälter, welcher die Reliquien der Basilika bei Aïn-Beida umschloß, in der Tiefe von 1,50 Meter unter dem Boden

---

Bäume gibt das echt italienische Treiben am Brunnen die lebendige Staffage zur heitern Landschaft. Bei der Regulirung dieser mit einem Eisengitter umgebenen Anlage waren im März des Jahres 1860 Erdaushebungen nothwendig geworden, und dabei stießen die Arbeiter zwischen dem nördlichen Gitter und der Sacristei in einer Tiefe von circa einem Meter auf einen steinernen kistenartigen Behälter, nachdem sie schon vorher einige ornamentirte Sculpturen gefunden hatten. Leider waren die Arbeiter ohne entsprechende Aufsicht und — freilich nur in ihrer Art — einen vergrabenen Schatz darin vermuthend, deckten sie wieder Erde darüber, um unbemerkt eine bessere Gelegenheit zur Hebung desselben zu benützen. An einem Sonntag-Nachmittag gelang es ihnen auch während des Gottesdienstes den Behälter so weit frei zu legen, daß der Deckel gehoben werden konnte. Der Behälter soll ungefähr 65 Cm. lang, 47 Cm. hoch und 40 Cm. breit und nur roh bearbeitet gewesen sein. Nach der Hebung des ersten Deckels fand sich aber eine zweite kleinere Kiste aus griechischem Marmor mit „byzantinischen" Ornamenten, deren festgeschlossener Deckel giebeldachartig gebildet war und ein Kreuz aus einem grünen Steine eingelegt trug. Da aber der Deckel nur seitwärts zu schieben war, zerschlugen ihn die unredlichen Finder, wobei das Kreuz in kleine Stücke zerfiel. Jetzt erst trat der eigentliche Inhalt zu Tage. (Früh=christliche Reliquiarien des k. k. Münz= und Antiken=Cabinetes, S. 1.)

[1]) La capsella argentea africana. Rom 1889.
[2]) S. die oben angegebene Litteratur über die einzelnen Monumente.

derselben stand; auf dem Deckel war eine zweite, oben offene steinerne Kiste befestigt, die wohl dazu diente, durch einen unter dem Altar angebrachten Schacht (cataracta) Gegenstände auf das Reliquiengrab zu legen. (Fig. 16.) Denn die Altäre über den in dieser Weise beigesetzten Reliquien waren häufig in gleicher Weise mit „fenestellae confessionis" versehen, wie diejenigen, welche über den wirklichen Grabstätten der Heiligen errichtet waren (s. oben S. 57).

Eine zweite Art, die Reliquien zu bergen, bestand darin, daß sie in die Stützen hineingelegt wurden, welche die Altarplatte trugen. Hatte der Altar die Gestalt eines länglich-viereckigen Aufbaues (Kisten-Form), so stellte man den Reliquienbehälter in das Innere, wohl häufig so, daß derselbe durch eine Oeffnung oder durchbrochenes Maßwerk sichtbar war. Bei Altären in Tischform, wo die Platte durch einen einzigen runden oder viereckigen Fuß getragen wurde, legte man die Reliquien in eine Aushöhlung am obern Theile der Stütze unter die Platte. Derartige Reliquien-Altäre sind in mehrern Exemplaren erhalten oder wiedergefunden worden. So war die bleierne Reliquiencapsel aus Rimini in einen oben ausgehöhlten Säulenstumpf eingeschlossen. Eine ähnliche Vertiefung zeigt die Basis eines alten Altars, welche im Museum zu Avignon aufbewahrt wird. In der Krypta des h. Hippolytus in Rom

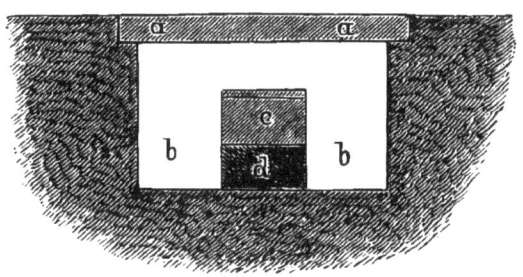

Fig. 15. **Durchschnitt des Reliquiengrabes unter dem Altare der Basilika zu Grado.**

a a Deckplatte, auf welcher der Altar stand; b b hohler Raum; c Marmorkästchen mit den Reliquien; d Sockel. (Aus den Mittheilungen der k. k. Centralcommission für Kunst ꝛc. Wien 1890. Von Swoboda).

Fig. 16. **Reliquiengrab unter dem Altar der Kirche in Aïn-Beida.** (Nach de Rossi)

fand man mitten auf den Stufen, die zur Apsis führen, die Reste einer
viereckigen, inwendig hohlen Altarstütze aus Ziegelwerk, welche gewiß
ebenfalls Reliquien, wohl die Ueberreste der Gebeine des Heiligen selbst,
umschloß [1]). Hochinteressant ist ein hierher gehöriges Monument, das
in Loja (dem antiken Hilipula Halos) in Spanien zum Vorschein kam.
Ein heidnischer Cippus (viereckiger Stein- oder Marmor-Block) war zum
Tragen der Altarplatte einer dortigen Kirche zubereitet worden. Die
heidnische Inschrift, welche zwei Seitenflächen bedeckte, wurde weg-
gemeißelt, und die beiden andern Seiten benützte man, um die Namen der
Heiligen einzumeißeln, deren Reliquien in einer viereckigen Aushöhlung am
obern Ende des Cippus niedergelegt wurden. Die Inschrift lautet:
„In n(o)mine d(omi)ni hi(e)su Chr(ist)i consecratio domnorum Petri
et Pauli die XIIII kal(endas) iunias in quorum basilica requies-
cunt reliquiae sanctorum idest domne Mari(a)e domni Juliani
Domni Istefani domni Acisceli domni Laurentii domni Martini
domne Eulalie domni Vincenti domnorum trium." — „Im Namen
des Herrn Jesu Christi. Einweihung (der Kirche) der heiligen Petrus
und Paulus am 19. Mai, in deren Basilika die Reliquien der Heiligen
ruhen, nämlich der heiligen Maria, des h. Julianus, des h. Stephanus,
des h. Aciselus, des h. Laurentius, des h. Martinus, der h. Eulalia,
des h. Vincentius, der drei Heiligen" (nämlich der Martyrer Faustus,
Januarius und Martialis von Cordova). Die hier und auf dem einen
Reliquiar von Grado erwähnten Reliquien der Gottesmutter Maria
waren Stückchen von deren Grab oder Gegenstände, die an dieses an-
gerührt worden waren. Endlich wurden die Reliquien auch, wie es
heute noch meistens geschieht, damals häufig in eine Vertiefung (loculus)
der Altarplatte selbst hineingelegt, worauf dieses Miniaturgrab mit einer
Stein- oder Marmor-Platte verschlossen wurde. Der an christlichen
Monumenten aller Art so reiche Boden Nordafrica's hat in den letzten
Jahren uns mehrere dieser Altarplatten wiedergegeben. In den Ruinen
einer altchristlichen Basilika in Henchir-el-Begueur bei Tebessa in Numidien fand man eine viereckige Steinplatte von 1 Meter im Geviert
und 0,24 Meter Dicke. Eine kreisförmige Oeffnung von 0,25 Meter
Durchmesser in deren Mitte, welche durch einen viereckigen Deckel aus
Stein von 0,30 Meter im Geviert geschlossen war, bildete das Grab
der Mensa, in welchem Reliquien des berühmten Martyrers von Carthago,
Montanus, welcher 259 starb, eingeschlossen waren; denn auf der vordern
Seitenfläche stand neben dem Monogramm Christi sein Name: „Memoria
sa(n)cti Montani" [2]) — „Reliquien-Altar des heiligen Montanus."

---

[1]) Bullettino di arch. crist. 1883, S. 99.
[2]) Bull. di archeol. crist. 1880, S. 73—75.

Erwähnen wir noch eine in der alten nordafricanischen Provinz Mauritania Cäsariensis gefundene Altar=Mensa, welche zwar nicht selbst eine Aushöhlung zur Aufnahme von Reliquien hatte, deren Votiv=Inschrift jedoch auf solche der beiden Apostelfürsten hinweist. Der Text lautet nämlich: „Postulantibus a creatore Deo et Christo memoria(m) sanctorum Petri et Pauli desiderante (H)onesta matre cum Gratia Petronianus Cassius et Patricius in hoc tabernaculo pro sua prece posuerunt." — „Für diejenigen, welche Gebete an Gott den Schöpfer und an Christus richten, haben Reliquien der heiligen Petrus und Paulus, auf den Wunsch ihrer Mutter Honesta und der Gratia, Petronianus Cassius und Patricius in diesem Baldachin=Altar als Ausdruck ihres Gebetes niedergelegt" [1]. Der Altar, in welchem sich die Reliquien befanden, wird Zelt (tabernaculum) genannt, wohl deshalb, weil derselbe mit einem Baldachin überdeckt war. Denn man kann annehmen, daß die Ueberdachung der Altäre in den Kirchen mit einem von Säulen getragenen Baldachin (Ciborium) in ihrem Ursprung sehr enge mit der Eigenschaft des Altars als Grab eines Heiligen oder dessen Reliquien zusammenhängt. Die Gräber in den unterirdischen Begräbnißstätten, welche durch ihre Form vor den übrigen ausgezeichnet waren, befanden sich auf dem Boden einer Nische in der Felswand, so daß über deren Verschlußplatte sich ein Bogen wölbte (Arcosolien). Auf den oberirdischen Friedhöfen waren gleichfalls vornehmere Grabstätten mit einem auf Säulen getragenen Dache versehen; wenn dieselben aus einem an der Umfassungsmauer des Friedhofes oder an der Wand eines Mausoleums aufgestellten Sarkophage bestanden, genügten zwei Säulen zur Stütze des Baldachins, indem dieser an der Rückseite in der Mauer befestigt werden konnte [2]. Diese Disposition ist zu vollständig identisch mit dem Baldachin=Altar, als daß man nicht den Ursprung des letztern auf die Grabanlagen zurückführen sollte. Denn, wie wir im Vorhergehenden sahen, verschmolz der Altartisch, auf welchem die h. Eucharistie als Opfer und als Mahl gefeiert wurde, immer mehr mit dem Martyrer=Grabe, so daß man gegen Ende des Alterthums sich keinen Altar ohne Reliquien mehr denken konnte. So ist es ganz natürlich, daß der Gebrauch, die besonders ausgezeichneten Grabstätten mit einem Baldachin zu überdecken, auch bei den Altären der Kirchen Anwendung fand. Das geschah um so eher, als man auf diese Weise Stützen hatte zur Befestigung der kostbaren Vorhänge, mit welchen man die Altäre schmückte, und welche heute noch bei orientalischen Riten während der Wand=

---

[1] De Rossi, Capsella argentea, S. 30 f.
[2] S. De Rossi, Roma sotterranea III, S. 437 ff.

lung geschlossen werden, um die Vollziehung der erhabenen Handlung mit geheimnißvollem Dunkel zu umgeben.

Der Charakter des Altares als Grab der Reliquien eines Heiligen hatte einen bedeutenden Einfluß auf die Ceremonien der Consecration der Kirchen [1]). So lange der Unterschied zwischen Gotteshäusern als bloßen liturgischen Versammlungsorten und Kirchen, die über dem Grabe eines Martyrers oder an der Stätte, welche sein Andenken bewahrte, einerseits und zwischen Reliquienkirchen, in welche die Gebeine oder andere Reliquien erst übertragen wurden, anderseits bestand, war die Feier der Consecration ebenfalls verschieden. Bei der erstern Art von Kirchen wurde die Kirchweihe durch die feierliche Darbringung des eucharistischen Opfers unter Theilnahme benachbarter Bischöfe und Priester vollzogen, ohne besondere Ceremonien. Anders wenn der Leib oder die Reliquien eines Heiligen unter dem Altar beigesetzt wurden. Alsdann fand vorher eine dem feierlichen Begräbniß gleiche Ceremonie statt. Unter Psalmengesang und Recitation von Litaneien wurden vorerst die Reliquien in das Gotteshaus übertragen und dort durch den Bischof im Altar — in einer der oben beschriebenen Formen — beigesetzt; der Verschluß des Grabes und die Altarplatte selbst wurden mit Chrysam gesalbt, gerade wie die Leichen mit Beigabe von Specereien in das Grab gelegt wurden. Die Beschreibung der oben erwähnten Uebertragungen der Reliquien, welche im Orient geschahen und durch den h. Ambrosius vorgenommen wurden, zeigen uns dieselben als eine feierliche Beisetzung, welche stattfand vor der Darbringung des h. Opfers in der Kirche, in welche die Reliquien gebracht wurden [2]). Der Unterschied zwischen der Einweihung beider Arten von Gotteshäusern wird noch klar hervorgehoben in einem Briefe des Papstes Vigilius an den Bischof Profuturus von Braga aus dem Jahre 538 [3]). Er schreibt: „Ueber den Fall, daß eine Kirche neu erbaut wurde, wenn sie zerstört worden war, und ob die Feierlichkeit der Einweihung in derselben wiederholt werden müsse, wenn keine Reliquien (sanctuaria) darin sich befinden, gebe ich zur Antwort, daß nichts entgegensteht, wofern nur kein exorcisirtes

---

[1]) S. die Beschreibung der Kirchweihen bei Duchesne, Origines du culte chrétien, S. 385 ff.

[2]) S. auch die Schrift „De miraculis s. Stephani". Migne, Patr. Lat. 41. — Paulinus Nol. Carmen XIX, v. 329 ff. — Gregorius Tur. de gloria sanctorum, I, 83. — Evagrius, hist. eccl. I, 16. Eine feierliche Procession mit Reliquien ist dargestellt auf einer Elfenbein-Sculptur aus Trier; s. Kraus, Die altchristliche Kunst in ihren frühesten Anfängen, S. 131.

[3]) Migne, Patr. lat. LXIX, S. 19; vgl. S. 18.

Wasser (Weihwasser) in ihr umhergesprengt wird; denn wir wissen, daß die Feier der Einweihung einer Kirche, in welcher keine Reliquien beigesetzt werden, bloß durch die Messe geschieht. Wenn deshalb auch eine Heiligen geweihte Basilika von Grund aus wieder aufgebaut wurde, so ist kein Zweifel, daß durch die Feier der heiligen Messe in derselben die ganze Heiligung ihrer Weihe erfüllt wird. Wenn jedoch die Reliquien, welche sie besaß, weggenommen wurden, so soll sie wieder durch die Beisetzung derselben und durch die Darbringung der heiligen Messe die Würde der Einweihung erlangen." Aus dieser Stelle geht auf das deutlichste hervor, daß eine besondere Feierlichkeit bei der Kirchweihe außer dem heiligen Opfer bedingt war durch die Beisetzung von Reliquien in den Altar. Fand diese nicht statt, so bestand die Einweihung in einer feierlichen heiligen Messe; fand sie statt, so wurde sie zuerst vorgenommen und dann folgte das eucharistische Opfer. So wie nun nach den obigen Ausführungen nach und nach alle neu erbauten Kirchen zugleich Reliquienkirchen wurden, so fand auch regelmäßig die Ceremonie der feierlichen Deposition der Reliquien bei der Kirchweihe vor der Darbringung des heiligen Opfers durch den consecrirenden Bischof statt: die Ceremonien unserer Kirchweihen sind entstanden aus dem feierlichen Begräbniß=Ritus, welcher bei der Beisetzung von Gebeinen oder Reliquien eines Heiligen im Altar der neuen Kirche vorgenommen wurde, und reichen als solche bis in das vierte Jahrhundert hinauf. Sie sind noch viel älter, insofern sie bloß eine feierliche Wiederholung, unter Betonung der Gefühle des Sieges und Triumphes, des altchristlichen Begräbniß=Ritus bilden.

V.

Die Privat=Oratorien im christlichen Alterthum.

Die Cultusgebäude, welche wir bisher behandelten, waren alle — um einen heutigen kirchenrechtlichen Ausdruck zu gebrauchen — öffentliche Kirchen und Oratorien. Denn selbst in den ersten Zeiten des Christenthums, als die Räume der Privat=Wohnungen einzelner Christen zu den liturgischen Versammlungen dienten, waren dieselben dennoch öffentliche Kirchen, weil die ganze Gemeinde an den Versammlungen Theil nahm oder Theil nehmen konnte. Dasselbe gilt von den Cömeterialkirchen und von den Kapellen an den Orten, wo sich die locale memoria eines Martyrers befand. Wenn auch in jenen nicht immer und in diesen vielleicht nie die feierliche Liturgie abgehalten wurde, so waren es doch öffentliche Oratorien, weil sie nicht zum Gebrauche einer Person oder einer Familie errichtet worden waren. Allein es gab auch, wenigstens von der constantinischen Zeit an, wirkliche Privatkapellen, in welchen die heiligen Geheimnisse gefeiert wurden. Mehrere Concilien vom Anfange des vierten Jahrhunderts an haben Bestimmungen hierüber erlassen, und zahlreiche Berichte gleichzeitiger Schriftsteller bestätigen das Bestehen der Privat-Oratorien. Das Concil von Laodicäa (320) erließ zwar die Bestimmung, „daß in den Häusern das heilige Opfer von Bischöfen und Priestern nicht dargebracht werden solle" [1]; allein dies scheint, da ein allgemeines Verbot von keiner spätern Synode erlassen wurde, dadurch veranlaßt worden zu sein, daß nach dem Bau neuer und größerer Kirchen in der constantinischen Zeit einzelne Bischöfe und Priester dennoch häufig in Privathäusern die Eucharistie feierten, zum Nachtheil der ganzen Gemeinde. Denn es unterliegt keinem Zweifel, daß auch später in Häusern der Gläubigen bisweilen die h. Messe dargebracht wurde. Der Diakon und Biograph des h. Ambrosius, Paulinus, erzählt in dessen Lebensgeschichte die wunderbare Heilung einer kranken Frau, welche sich ereignete im Hause einer römischen Senatorin im transtiberinischen Stadttheil, bei welcher der Bischof eingeladen war, und in deren Wohnung er eben das h. Opfer dargebracht hatte [2]. Für den Orient haben wir aus derselben Zeit das Zeugniß des h. Cyrillus von Alexandrien. In einem Briefe an Papst Cölestin, in welchem er den häretischen Bischof Nestorius anklagt, wirft er diesem unter andern Handlungen ebenfalls vor, er habe einen Priester Philippus abgesetzt, weil er in einem Privathause geopfert habe. Er berichtet, fast der ganze Klerus von Constantinopel habe bei dieser Gelegenheit für den Abgesetzten Partei ergriffen, indem sie dem Bischofe sagten: „Wenn die Zeit und die Nothwendigkeit es erfordern, handeln wir alle ebenso" [3]. Die Bestimmungen der Concilien erkennen den Gebrauch, gelegentlich in den Wohnungen der Gläubigen das h. Opfer zu feiern, an; sie suchen bloß die Mißbräuche zu verbüten.

Als die Secte der Eustathianer im Anfange des vierten Jahrhunderts die öffentliche, mit äußerm Glanze umgebene Feier des Gottes-

---

[1] „Quod non oportet in domibus fieri oblationes ab episcopis et presbyteris." — Concil. ed. Labbé, I, S. 1506.

[2] Paulinus Vita Ambrosii c. 15 bei Migne, Patr. lat. XIV, S. 30.

[3] Epistola IX s. Cyrilli bei Coustant, Epistolae Romanorum pontificum, S. 1098.

dienstes verwarf und nur in einfachen Räumen von Privathäusern ihre Versammlung hielt, belegte die Synode von Gangra (328) alle diejenigen mit dem Anathem, welche das Haus Gottes und die darin abgehaltenen Versammlungen verachteten; ferner Alle, welche eine eigene Kirche neben der Kirche haben und darin kirchliche Handlungen vornehmen wollten, wenn nicht ein Priester mit Zustimmung des Bischofs zugegen war¹). Der letztere Zusatz beweist klar, daß mit Zustimmung des Bischofs wohl ein Priester das h. Opfer in einem Privathause feiern konnte.

Aehnliche Bestimmungen erließ das Concil von Antiochien (341) betreffs derjenigen, welche vom öffentlichen Gottesdienst ausgeschlossen waren; es verbot, in Häusern sich zu versammeln, um für diejenigen zu beten, welche nicht in den Kirchen die h. Communion empfingen²), setzt also voraus, daß man wohl in Privathäusern für andere Christen beten kann. Für Africa besitzen wir einen Erlaß des zweiten Concils von Carthago im Jahre 390, welches in seinem neunten Canon in Bezug auf Priester, die ohne Vorwissen des Bischofs in vielen Häusern die Liturgie feiern, sagt: „Jeder Priester, der ohne Erlaubniß des Bischofs an irgend einem Orte die h. Geheimnisse feiern will, soll als Gegner seiner eigenen Würde betrachtet werden", d. h. abgesetzt werden³).

Diese Quellen sprechen nur von der Darbringung des h. Opfers in Wohnhäusern, ohne zu erwähnen, ob dazu stets derselbe Raum, also Privatkapellen benutzt wurden. Durch andere Zeugnisse erfahren wir, daß die Christen bisweilen in ihren Häusern ein besonderes Zimmer als Oratorium eingerichtet hatten, in welchem sie ihre Privatandachten verrichteten. Schon Constantin der Große hatte in seinem Palaste zwei Oratorien, ein größeres (eigentlich eine Hauskirche) und ein kleineres einrichten lassen. Das letztere befand sich in einem Gemache des obersten Stockwerkes, und es war ein goldenes mit Edelsteinen geziertes Kreuz darin aufgestellt⁴). Auch von den folgenden christlichen Kaisern berichten die Geschichtsschreiber, daß sie Hauskapellen in ihren Wohnungen hatten⁵). Der h. Augustinus will, daß in diesen Oratorien weiter nichts geschehe, als nur „die Feier des Gebetes und der Recitation der Psalmen" (in oratorio praeter orandi et psallendi cultum nihil penitus agatur), damit die darin beständig ausgeführten Werke mit ihrem Namen übereinstimmen⁶). Aus der Art und Weise, wie der h. Kirchenlehrer davon

---

¹) Concil. ed. Labbé, II, S. 422. — Can. 5 u. 6. — ²) Ibid. S. 562, Canon 2.
³) Concil. Carthagin. II can. 9, ed. Labbé, II, p. 1162.
⁴) Eusebius, Vita Constantini III. 49.
⁵) Socrates, hist. eccl. I, 18. — Sozomenus, hist. eccl. I, 8.
⁶) Augustin, Epist. 211, n. 7, ed. Maurin.

spricht, kann man schon ersehen, daß auch andere Uebungen der Gottesverehrung darin vorgenommen wurden. Und in der That, wenn es in Ausnahmefällen und mit der Erlaubniß des Bischofs gestattet war, in den Wohnungen der Gläubigen das h. Meßopfer darzubringen, so benutzte man ohne Zweifel zu der Feier diese Privat-Oratorien. Wir haben übrigens dafür bestimmte Zeugnisse, sowohl für die morgenländischen als für die westlichen Gegenden des römischen Reiches. Das Concilium Quinisextum in Constantinopel (692) bestimmte in seinem 31. Canon: „Die Kleriker, welche in den Oratorien, welche innerhalb der Häuser liegen, die h. Handlung feiern oder taufen, sollen dies, so bestimmen wir, mit der Zustimmung des Bischofs jenes Ortes thun müssen. Wenn deshalb ein Kleriker dies nicht beobachtet, soll er abgesetzt werden." Deshalb wird wahrscheinlich auch die 58. Novelle Justinians, welche bloß das Gebet, nicht aber das h. Opfer in den Häusern zu feiern gestattet, nur von einem regelmäßigen Darbringen der h. Messe, nicht aber von außergewöhnlichen Fällen zu verstehen sein.

In Gallien erwähnt Avitus im fünften Jahrhundert ausdrücklich Privat-Oratorien in einem Briefe, in welchem er die Frage erörtert, ob die öffentlichen Kirchen und die Oratorien oder kleinen Privat-Basiliken (basilicae privatae) der Arianer dem katholischen Cultus übergeben werden sollen [1]). Die abendländischen Concilien enthalten ebenfalls nicht nur Bestimmungen über die Gebete, welche in den Oratorien gesprochen wurden, sondern auch über die Feier der h. Messe in denselben. In Bezug auf jene schreibt der 23. Canon des dritten Concils von Carthago vor: die Bischöfe sollen Aufseher ernennen, welche die dort gesprochenen Gebete überwachen sollen, und den Gläubigen befehlen, diesen Inspectoren die gebrauchten Gebetsformulare vorzulegen. Mit der Darbringung des h. Opfers, besonders in den Privat-Oratorien auf den Landgütern, beschäftigten sich mehrere Synoden in Gallien. Gerade für die Bewohner zerstreut liegender und von der Stadt oder einer Landkirche weiter entfernten Landhäuser war es bequem, in einer Privatkapelle dem Gottesdienste beiwohnen zu können; man kann deshalb leicht begreifen, daß in Bezug auf diese kirchliche Vorschriften erlassen wurden. Die hauptsächlichsten Bestimmungen waren: 1. Der Canon 21 des Concils von Agde (Agathense) vom Jahre 506 schreibt vor: „Wenn Jemand außerhalb der Parochieen, in welchen ein regelrechter und gewöhnlicher Versammlungsort ist, ein Oratorium auf dem Lande haben will, um dort die h. Messe zu feiern wegen der Ermüdung der Gutsbewohner, so gestatten wir dies durch billige Bestimmung. Jedoch zu Ostern, Weihnachten, Epiphanie,

---

[1]) Alcimus Avitus, Epistola VI. — Migne, Patr. lat. LIX. S. 224.

Christi Himmelfahrt, Pfingsten, dem Feste der Geburt des h. Johannes des Täufers, oder wenn andere sehr hohe Festtage gefeiert werden, sollen sie die h. Messe in den Städten oder in den Parochieen besuchen. Kleriker jedoch, welche an den angegebenen Festtagen in den Oratorien, außer auf Befehl oder mit Erlaubniß des Bischofs, Messe celebriren, sollen excommunicirt werden" [1]). 2. Die Synode von Orleans vom Jahre 511 gestattet in ihrem zweiten Canon, daß Kranke in ihren Villen Ostern feiern dürfen [2]).

De Rossi glaubt, und zwar mit gutem Grund, daß in diesen Privat-Oratorien im vierten Jahrhundert die Christen auch die heilige Eucharistie unter der Gestalt des Brodes aufbewahrten, welches sie aus der Kirche mit nach Hause genommen hatten, um gelegentlich die heilige Communion zu genießen. Es besteht kein Zweifel darüber, daß dieser Gebrauch, für welchen wir in der vorconstantinischen Zeit die bestimmtesten Zeugnisse haben, im vierten Jahrhundert nicht gleich aufhörte [3]). Die sonst immer als Beweis dafür citirte Erzählung des h. Gregor von Nazianz, daß seine Schwester Gorgonia während einer Krankheit mitten in der Nacht aufstand und sich niederwarf vor dem Altar, auf welchem die h. Eucharistie sich befand, erklärt jedoch De Rossi vielmehr als Zeugniß für die Darbringung der h. Geheimnisse in einer Privatkapelle [4]). Denn es war den Christen bloß gestattet, die Eucharistie unter der Gestalt des Brodes mit sich zu nehmen; Gregor spricht jedoch von Brod und Wein, ein Beweis, daß das h. Opfer selbst auf dem Altar gefeiert worden, und davon die h. consecrirten Elemente zurückgeblieben waren zum spätern Empfang der h. Communion durch die Kranke [5]). Jene Ansicht des großen Archäologen hat sehr viel für sich; denn in den christlichen Häusern, welche eine Privatkapelle besaßen, gab es keinen passendern Ort zur Aufbewahrung der aus der Kirche mitgenommenen Eucharistie, als dieses Oratorium. Es ist bekannt, daß vom fünften Jahrhundert an dieser alte Gebrauch nach und nach aufhörte, und daß man an vielen Orten statt der Eucharistie bloß gesegnetes Brod (Eulogien) mit nach Hause nahm.

Im Jahre 1876 hat man in Rom bei Erweiterung der Bahnhofbauten ein altchristliches Privat-Oratorium gefunden, das einzige, welches

---

[1]) Concil. edit. Labbé, IV, S. 1386. — Aehnliche Bestimmungen enthalten für die drei Hauptfeste Weihnachten, Ostern und Pfingsten die Synode von Clermont (511) und für Ostern die von Orleans (541). S. Hefele, Concilien-Geschichte, 2. A., II, S. 762, 780.

[2]) Hefele a. a. O. S. 664. — [3]) S. Basilius M. Epistola 93 ed. Maurin.
[4]) Gregorius Naz. Oratio VIII n. 18. Ed. Maurin. I, 229.
[5]) De Rossi, Bullettino 1876, S. 45 f.

bisher mit Sicherheit als solches festgestellt wurde (siehe Fig. 17). Es lag auf dem Niveau des obern Stockwerkes eines ältern römischen Hauses, und war zwischen dieses und das gegenüberliegende Haus (A, B) hineingebaut worden, indem man die Mauern der beiden Wohnungen als Außenmauern benutzte und eine Apsis (C) hinzufügte. Der Raum, in welchen diese hineingebaut wurde, war früher eine Straße gewesen, jedoch schon vor dem Bau der Apsis von den Besitzern der beiden Häuser durch Mauern verschlossen und mit ihren Wohnungen verbunden worden. Leider war der Theil des Oratoriums, welcher der Apsis gegenüberlag, zerstört, so daß man die Eingangsthüre nicht feststellen konnte; eine frühere Thüre, welche aus einem der Häuser in den Raum hineinführte, ehe das Oratorium bestand, war zugemauert worden. Die Apsis war mit Malereien geschmückt; in der Wölbung erblickte man den göttlichen Heiland, einen Nimbus um das Haupt, zwischen den aufrecht stehenden zwölf Aposteln sitzend als Lehrer, denn zu seinen Füßen stand die mit Rollen gefüllte Bücherkiste, die Bücher der h. Schrift. Unter den Figuren war in die Rundung der Apsis ein breiter Streifen mit einer Darstellung aus dem Seeleben geziert: verschiedene Fische schwammen im Wasser, auf welchem zahlreiche

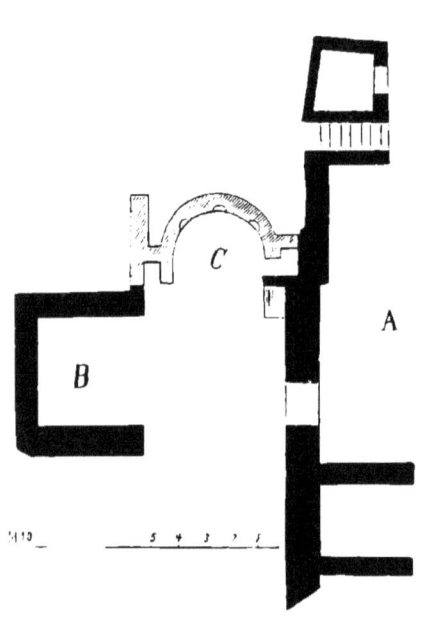

Fig. 17. Grundriß eines in Rom aufgefundenen Privat-Oratoriums.
(Nach de Rossi.)

Nachen sich befanden, deren Insassen mit Fischfang beschäftigt waren. Am untern Theile der Apsis waren Reste von einer in die Mauer befestigten Bank sichtbar; darüber befanden sich in der Mauer drei Nischen, von denen die mittlere zur Aufnahme des Sitzes für den Celebranten, die andern als Credenztische für die h. Gefäße und die liturgischen Bücher bestimmt waren. Der Umstand, daß das Oratorium im Raume eines Hauses auf dem Niveau des ersten Stockes angelegt war, sowie die kleinen Dimensionen desselben — die Apsis hatte bloß drei Meter im Durchmesser — beweisen, daß es ein wirkliches Privat-Oratorium bildete; die ganze Disposition der

Apsis hingegen weist ohne Zweifel darauf hin, daß es auch zur Feier des eucharistischen Opfers benutzt wurde.

Zu den Privat-Oratorien müssen wir auch die Begräbnißstätten vornehmer christlicher Familien rechnen, wenn dieselben so eingerichtet waren, daß in ihnen das h. Opfer für die dort Beigesetzten dargebracht werden konnte. Wir haben früher gesehen, daß die Todten-Liturgie mit der Feier der h. Messe und die Anniversarien für die Verstorbenen in den Cömeterialkirchen abgehalten wurden. Außer diesen gab es schon vor Constantin auf oberirdischen Friedhöfen, und vom vierten Jahrhundert an, da man nach und nach aufhörte, die Katakomben als Begräbnißplätze zu benutzen und die Gräber auf der Erde um die Cömeterialkirchen herum anlegte, auch dort, wo vorher die Cömeterien unter der Erde lagen, Mausoleen reicher christlicher Familien oder auch einzelner vornehmer Verstorbenen. Dieselben waren bisweilen ziemlich geräumig und meistens als Centralbauten angelegt. Wir treffen darunter Rundbauten, wie das Grabmal der Constantina (jetzt S. Constanza) bei S. Agnese und der Helena an der Labikanischen Straße (Tor Pignattara) bei Rom; ferner viereckige oder sechseckige Bauten mit einer oder mehrern halbrunden Ausbauten, den oben beschriebenen Cellae ähnlich, wie bei San Sebastiano vor den Mauern Roms; dann kreuzförmige Anlagen, wie das Grabmal der Galla Placidia in Ravenna; endlich einfach im Viereck gebaute Mausoleen, wie das bei Kerbet-Häß in Syrien aufgefundene¹). Daß in solchen Grabanlagen bisweilen das h. Opfer für die dort Beigesetzten dargebracht wurde, ersehen wir aus einem Briefe des h. Paulinus von Nola, welcher bittet, einen seiner Freigelassenen zum Priester zu weihen, „damit er im Hause des Herrn diene und bestimmt sei zu den Officien (d. h. zur Abhaltung der liturgischen Officien) an dem Grabmal unserer Eltern"²). De Rossi vermuthet, daß der Priester Patroclus, welcher in der vom Jahre 347 datirten gallischen Grabschrift einer Matrone Valeria Severa erwähnt wird, in dieser Weise an deren Grabstätte angestellt gewesen sei zur Abhaltung des Todten-Officiums und zur Darbringung des h. Opfers für ihre Seelenruhe³).

---

¹) Vergl. Holtzinger, Die altchristliche Architektur, S. 246—252.
²) Paulinus Nolanus, epist. XII ad Amandum.
³) Bullettino 1886, S. 24—25.

VI.

Die innere Einrichtung und Ausstattung der altchristlichen Cultusgebäude.

Die Anlage der Kirchengebäude, wie wir sie in ihrer historischen Entwickelung darzustellen versuchten, ließ in ihren einzelnen Theilen eine große Manchfaltigkeit zu. Die Form der Basilika, welche bei weitem überwiegend war, wie wir sahen, obwohl an sich einfach und wenig zu architektonischem Ausbau geeignet, gestattete doch den christlichen Architekten, durch die harmonische Verbindung der einzelnen Theile bei größern Bauten ihre schöpferische Kraft zu zeigen. Bei jedem Cultusgebäude waren zwei Theile wesentlich und fanden sich überall vor: eine Abtheilung für das dem h. Opfer beiwohnende Volk (Schiff, Gemeindehaus) und eine andere für den die h. Handlung vornehmenden Klerus (Chor, Presbyterium, Apsis). Zwischen beiden stand der Altar. Diese Einrichtung mußten alle, selbst die kleinsten und die aus Profanbauten entstandenen Gotteshäuser haben, denn sie war durch den Zweck selbst gefordert. Durch die Entwickelung der einzelnen Theile und durch Hinzufügung von Nebenräumen, besonders der Vorhalle und der zur Aufbewahrung der liturgischen Geräthe und Bücher, entstand jenes imposante und in seiner Einheitlichkeit so harmonische Gebäude, welches wir in den großen Basiliken und Centralbauten besitzen. Sehen wir, in welcher Weise sich dieselben dem Besucher darstellten[1].

Bei allen größern Kirchengebäuden des christlichen Alterthums findet man fast regelmäßig ein mehr oder weniger großes Vorhaus (Atrium). Bei Basiliken sowohl als bei Centralbauten war es meistens ein viereckiger Vorhof, der mit Säulenhallen umgeben war. Das Eingangsthor in denselben war manchmal durch ein von Säulen getragenes Dach geschützt. Fehlte der Vorhof, so bildete eine der Façade des Gemeindehauses vorgebaute Säulenhalle mit flachem oder nach vorn geneigtem Dache das Vorhaus. Die Säulen waren durch Schranken mit einander verbunden, die nur an bestimmten Stellen den Durchgang gestatteten, und die an das Gemeindehaus stoßende Arcade hatte außerdem an den obern Theilen der Säulen Querstangen zum Befestigen von Vorhängen bei festlichen Gelegenheiten. Häufig waren die Säulen der letztern (äußerer Narthex) auch höher als die der übrigen drei Seiten des Atriums und

---

[1] Vgl. besonders die gründliche und auf ausgiebiger Verwerthung der Quellen beruhende Darstellung von Kraus, Real-Encyklopädie I, Seite 120 ff.

bildeten so eine besondere Vorhalle. Die Mauern des Atriums konnten mit Malereien geschmückt sein, wie es z. B. bei der Basilika des heiligen Felix in Nola der Fall war. Diese Arcaden hatten auch einen besondern Zweck bei der Liturgie: sie dienten den Büßern zum Aufenthalt beim feierlichen Gottesdienst.

In der Mitte des Vorhofes stand ein Brunnen, bisweilen von einem durch Säulen getragenen Baldachin überdeckt. Bei Cömeterialbasiliken, die außerhalb der Städte lagen, wurde der Vorhof mit den ihn umgebenden Arcaden als Begräbnißstätte benutzt. Derselbe wurde mit Blumen und Sträuchern ausgeziert oder durch ein Pflaster aus buntem Marmor geschmückt. Aus dem Vorhofe und der Vorhalle führten so viele Thüren in das Innere, als die Basilika Schiffe hatte; bei Centralbauten gab es in der Regel bloß ein Thor. Das Gemeindehaus selbst war bei Langbauten entweder einschiffig oder hatte drei oder fünf durch Säulenreihen getrennte Schiffe, von denen die mittlern immer höher waren als die äußern. Bei großen Bauten legte man häufig ein Querschiff zwischen die Langschiffe und die Apsis, und außerdem noch manchmal ein zweites gleich an den Eingang oder auch nur ein solches an der dem Altar entgegengesetzten Seite, wie bei der Cömeterial-Basilika der hh. Nereus und Achilleus. Das letztere (innerer Narthex) war eine Art Wiederholung des Porticus im Innern, bisweilen bloß die unter der Quer-Empore befindliche Halle bei Kirchen, die, wie S. Agnese außerhalb der Mauern bei Rom, über den Seitenschiffen und über dem Querschiff des Eingangs Emporen hatten. Durch die Hallen der Langschiffe, deren Säulenreihen rechts und links entweder durch Bogen oder durch Balken (Architrave) verbunden waren, gelangte man bei großen Basiliken zum Querschiff vor der Apsis, welches in der Höhe des Mittelschiffes nach rechts und links bis an die Außenmauer sich hinzog. Das Querschiff scheint aus einem ästhetischen und einem praktischen Zwecke zugleich entstanden zu sein: aus einem ästhetischen, weil die zu große Länge der Langschiffe die Wirkung des Innenraumes beeinträchtigt hätte; aus einem praktischen, weil dieser breite Raum unmittelbar vor der Apsis für die feierliche Liturgie einen passenden Raum darbot, in welchem die niedern Kleriker und die Sängerschule sich aufhalten konnten. Daß das Querschiff bei der feierlichen h. Messe durch den Klerus und nicht durch das Volk in Anspruch genommen wurde, ersieht man aus der Stellung der Marmorkanzeln zur Verlesung der Episteln und Evangelien (Ambonen) in der alten Peterskirche; dieselben befanden sich in dem Theile des Querschiffes, der an das Langschiff stieß, an der dem Altar entgegengesetzten Seite [1]). In manchen Basiliken, die kein Querschiff hatten, oder

---

[1]) S. den Plan der alten Petrus-Basilika bei de Rossi, Inscript. christ. II. p. 1.

wo auch dieses zum Aufenthalte der niederen Kleriker nicht mehr genügte, schob man ein mit Marmorschranken umgebenes Chor (schola cantorum) vor der Apsis in das Mittelschiff hinein. Das am schönsten erhaltene Exemplar dieser Chöre ist dasjenige von S. Clemente in Rom aus der Zeit Johannes VIII. (872—882). Auch bei andern alten Basiliken, wie in den Ruinen der Cömeterialkirchen des h. Valentin und der hh. Nereus und Achilleus, fand man den Unterbau der Einfassung einer solchen schola cantorum. Mit diesem in das Mittelschiff verlängerten Chor waren die Ambonen verbunden. Die Langschiffe und das Querschiff hatten als Bedeckung entweder das offene Dach oder eine flache, bei den Prachtbasiliken reich mit Gold verzierte Decke.

Centralbauten boten für das Gemeindehaus dem Architekten eine sehr dankbare Anlage: hier konnten durch die Verbindung von Halbkuppeln mit der Mittelkuppel, durch das Anbringen einer niedrigern, mit Emporen versehenen Nebenrotunde um die mittlere von der Kuppel überspannte Rotunde, von der jene durch Pfeiler und Säulen in verschiedenen Stellungen getrennt war, jene prächtige Innenräume geschaffen werden, welche wir bei San Lorenzo Maggiore in Mailand, bei S. Vitale in Ravenna und vor allem bei der Sophienkirche in Constantinopel bewundern.

Vom Gemeindehaus, zu dem wir auch das Querschiff rechnen können, gelangte man in das Presbyterium, welches bei Basiliken regelmäßig, bei Centralbauten meistens die Form eines halbrunden Ausbaues (Apsis) mit muschelförmiger Decke (Concha) an der Rückwand des Baues gegenüber dem Eingang hatte. Bei Centralbauten ist der Chor auch in die ganze Anlage architektonisch eingegliedert, ohne als besonderer Theil nach außen sichtbar hervorzutreten. Hier stand im Hintergrunde, oft in einer kleinen Nische, der bischöfliche Stuhl, im Halbkreis an den Wänden entlang befanden sich die Sitze für die Priester; am Eingange des Presbyteriums in der Mitte erhob sich der Altar. Derselbe hatte entweder Tisch- oder Kistenform, wie wir im vorhergehenden Capitel ausführlicher sahen; wohl meistens war er mit einem von Säulen getragenen Baldachin (Ciborium) überragt, dessen Ursprung wir auf die Form der alten Grabstätten zurückführten. Schranken trennten die Choranlage von den übrigen Theilen der Kirche: es war die heilige Stätte, zu der bloß die dem Dienste des Herrn Geweihten Zutritt hatten, um das erhabene Opfer im Namen Aller darzubringen. Manchmal war in einer kleinen Entfernung vom Altar in der Richtung nach dem Langhaus eine Reihe von Säulen aufgestellt, welche ein Querbalken mit einander verband und zwischen welchen Gitter oder Schranken den Abschluß des Presbyteriums bildeten. Von dem Querbalken hingen Lampen herab, deren brennendes

Licht ein Ausdruck der Verehrung gegen die im Altar ruhenden Gebeine oder Reliquien der Heiligen war.

Ferner bedurfte man noch eines Platzes, um die heiligen Gefäße vor dem Gebrauche am Altar und die liturgischen Bücher zu den Lesungen aufzubewahren. Hier zeigt sich eine große Verschiedenheit in den einzelnen Anlagen. War die Kirche nicht isolirt, sondern mit andern der kirchlichen Verwaltung dienenden Gebäuden oder der Wohnung des Bischofs und anderer Kleriker verbunden, so konnten Räumlichkeiten dieser Anbauten zur Aufbewahrung benutzt werden, und man brauchte bloß in der Apsis Tische aufzustellen oder, wie wir bei dem in Rom aufgefundenen Privat-Oratorium sahen, Nischen in der Mauer anzubringen, wo während der heiligen Handlung selbst die nothwendigen Geräthe hingestellt werden konnten. In der Basilika des h. Felix von Nola und derjenigen der h. Restituta in Neapel schlossen sich an die Hauptapsis zwei Neben-Apsiden an, welche dem angegebenen Zwecke dienten. Bei andern Gotteshäusern baute man in dieser Absicht eigene Räume (Exedren) in der Nähe der Apsis an die Schlußmauer an, entweder als eine Art Nebenkapellen, die durch weite Bogen mit dem Innern der Kirche in Verbindung standen, oder als getrennte, durch eine Thüre zugängliche Zimmer (Secretaria, Diaconica, Pastophoria). In diesen wurden die liturgischen Gewänder, Gefäße und Bücher, häufig auch das von der h. Communion übrig gebliebene eucharistische Brod und der Wein aufbewahrt. Bei Ciborien-Altären diente nicht selten ein an einer Kette von der Decke des Baldachins herunterhängendes Gefäß als Tabernakel zur Bergung des consecrirten Brodes[1]).

Das Innere der Prachtbasiliken war auf das prächtigste geschmückt. Kostbare Marmorsäulen spiegelten sich im bunten Marmorbelag des Bodens; die Wandflächen über den Eingangsthüren und zwischen dem Architrav oder den Bogen und den Fenstern im Oberbau des Mittelschiffes waren mit Mosaik oder Malereien geziert; vor allem waren die Flächen über dem großen Bogen (Triumphbogen) zwischen dem Langhaus und dem Querschiff, die Rückwand über und neben der Apsis und die Concha der Apsis selbst mit ernsten, mehr als lebensgroßen Heiligenbildern in Mosaik auf Goldgrund und mit Inschriften in Goldbuchstaben geschmückt. Die Schranken des Chores bestanden aus Marmorplatten, in welchen in durchbrochener Arbeit Figuren eingezeichnet (transennae) oder auf deren volle Flächen Reliefbilder gemeißelt waren. Der Altar selbst war häufig umgeben mit solchen Marmorschranken; höchst wahrscheinlich ist eine der ältesten uns erhaltenen Einfassungen dieser Art eine Marmor-

---

[1]) S. Schmid, Der christliche Altar. S. 101 ff.

platte in S. Agnese in Rom, in deren Mitte die Figur der heiligen Martyrin selbst sich findet, während die Flächen rechts und links mit wenig erhabenen Linienzeichnungen bedeckt sind[1]). Ja, die Wände der Altäre waren in besonders hochverehrten Kirchen mit Silberplatten bekleidet, auf welchen getriebene Figuren Scenen aus der Geschichte des Heiligen darstellten, dessen Gebeine dort ruhten. Im Liber Pontificalis werden mehrfach solche kostbare Verzierungen der Altäre römischer Kirchen erwähnt. Zwischen den Säulen des Ciboriums und der Schiffe hingen goldene, silberne oder bronzene Lampen und Weihegeschenke; mächtige Candelaber aus Bronze oder kostbarem Marmor standen in der Nähe des Altars und in den Schiffen; auf dem Architrav der Säulenreihe vor dem Altar wurden Statuen, sogar aus massivem Gold und Silber verfertigt, aufgestellt; die Decke selbst erstrahlte im reichen Goldschmuck ihres Cassettenwerkes. Kein Wunder, wenn bei diesem Schmuck der Hauptkirchen in Rom, Constantinopel und andern Hauptstädten die Besucher überwältigt waren von dem Eindruck, den die Pracht derselben auf sie machte. Natürlich gab es hierin die größten Abstufungen, und der Abstand zwischen einer einfachen Landkirche des fünften und sechsten Jahrhunderts und der Basilika von St. Peter wird kaum geringer gewesen sein, als heutzutage zwischen einer Dorfkirche und dem Petersdom.

In diesen Räumen, deren wesentliche Theile bei der größten Mannichfaltigkeit überall wiederkehrten, versammelten sich die Gläubigen, um der Feier der h. Liturgie beizuwohnen. Sie waren, wie schon die apostolische Didascalia im dritten Jahrhundert und später die apostolischen Constitutionen aus der Zeit um das Jahr 400 fordern, getrennt nach Geschlechtern und Alter; ferner hatten die gottgeweihten Jungfrauen einen besondern Platz, der bisweilen durch Schranken abgetrennt war. Jüngst wurde in Africa eine Steinplatte wiedergefunden, welche als Schild an den Schranken eines so abgetrennten Raumes befestigt war; wir lesen nämlich darauf:

Bonis bene. — Virginum cancellus.

Den Guten gehe es wohl. — Abgetrennter Platz der Jungfrauen[2]).

---

[1]) S. die Abbildung bei Wilpert, Die gottgeweihten Jungfrauen. Freiburg, Herder 1892. Tafel II, n. 2. Die Abbildung eines solchen Altars mit seiner Einfassung zeigen altchristliche Medaillen bei de Rossi, Bull. 1869, Tafel, n. 5 u. 8. — [2]) Audollent in den Mélanges d'archéol. et d'hist. de l'Ecole franç. de Rome. 1890, S. 505.

In größern Kirchen der Hauptstädte wurden ebenfalls für die Magistratspersonen und die Damen der höhern Kreise (Senatorium, Matroneum) ein eigener Platz reservirt. War ein Männerkloster in der Stadt oder in der Nähe, so erhielten wohl die Mönche einen der Abtheilung für die gottgeweihten Jungfrauen entsprechenden Raum angewiesen.

In den Hallen des Atriums und der Vorhalle, sowie im Querschiff an dem Eingang hielten sich diejenigen auf, welche nicht am vollen heiligen Opfer theilnehmen konnten, nämlich die Katechumenen und die Büßer.

Die Diakonen hatten mit Hülfe der niedern Kleriker dafür zu sorgen, daß alles sich in Ordnung vollzog, und bei den Frauen führten Diakonissen die Aufsicht, so lange dieselben bestanden. Die in Syrien um das Jahr 400 verfaßten apostolischen Constitutionen enthalten hierüber sehr interessante Einzelheiten[1]). „Wenn du (o Bischof)," heißt es Buch II, c. 57, „die Gläubigen in der Kirche Gottes um dich versammeln willst, so sei wie der Steuermann eines großen Schiffes: sorge, daß die Versammlungen in aller Ordnung geschehen, indem du den Diakonen gleich Matrosen befiehlst, daß sie den Brüdern wie den Passagieren mit aller Sorgfalt und Anstand den Platz anweisen. Was vorerst das Haus der Versammlung angeht, so soll es länglich sein und gegen Osten schauen, und auf beiden Seiten habe es gen Osten Pastophorien, so daß es einem Schiffe gleicht. In der Mitte soll der Thron des Bischofs stehen; zu seinen beiden Seiten sitze die Priesterschaft; die Diakonen sollen aufrecht stehen, leicht gekleidet, denn sie gleichen den Matrosen und den Ruderknechten. Sie haben dafür zu sorgen, daß das Volk in den übrigen Räumen sich ruhig und mit Anstand versammele und Platz nehme; die Frauen sollen getrennt sitzen und Stillschweigen beobachten. Der Lector lese nun von einem erhöhten Orte in der Mitte der Kirche die Schriften des Moses" usw. Nachdem dann der erste Theil der h. Messe, die von Gesängen unterbrochenen Lesungen und die Predigt beschrieben sind, heißt es weiter: „Die Ostiarier sollen am Eingang der Männer stehen und sie beaufsichtigen, und die Diakonissen bei den Frauen. Wenn Jemand angetroffen wird, der nicht an seinem Platze sitzt, so soll er vom Diakon, der das Amt eines Untersteuermannes versieht, zurechtgewiesen und an den ihm bestimmten Platz verwiesen werden.... Die Jüngern sollen eigens sitzen, wenn Platz vorhanden ist; wenn aber nicht, so sollen sie aufrecht stehen; die Aeltern sollen nach der Ordnung sitzen; die Kinder, welche stehen, sollen deren Väter und Mütter zu sich nehmen; die jüngern Frauen sollen wiederum eigens stehen, wenn Platz vorhanden ist, wenn

---

[1]) Const. Apost. II, 57, 58.

aber nicht, so sollen sie hinter den ältern Frauen stehen; den verheiratheten Frauen, welche Kinder haben, soll ein eigener Platz angewiesen werden; die Jungfrauen, Wittwen und Matronen sollen ganz vorne stehen oder sitzen."

Obgleich die Schrift vor allem die Verhältnisse des Orients berücksichtigt, so zeigt doch die große Aehnlichkeit, ja die Gleichheit der innern Einrichtung der Kirchen im Abendlande und im Morgenlande, daß auch in der lateinischen Kirche ähnliche Bestimmungen maßgebend waren. Der ganze Passus bildet die trefflichste Erklärung für die einzelnen Theile der großen Basiliken, welche wir oben beschrieben haben: die Seitenschiffe dienten zur Trennung der verschiedenen Geschlechter und Alter, die Kreuzarme des Querschiffes als Abtheilung für Mönche, Jungfrauen und Matronen, während der mittlere Theil des Querschiffes für den Dienst der niedern Kleriker frei blieb. Häufig wurden Vorhänge zwischen die einzelnen Abtheilungen gespannt; für die römischen Basiliken hat dies Crostarosa in seiner kürzlich erschienenen Monographie[1]) nachgewiesen, indem er die Beobachtung gemacht, daß an allen Säulen derselben auf einer gewissen Höhe Löcher angebracht waren, um darin Haken zu befestigen, an denen die Vorhänge aufgehängt werden konnten. In den Kirchen, welche keinen innern Narthex hatten, fanden sich an zwei nahe dem Eingang gegenüberstehenden Säulen die Löcher höher hinauf als bei den übrigen; Crostarosa vermuthet, daß diese zur Befestigung eines Vorhanges dienten, welcher den Raum für die Büßer von den übrigen Theilen trennte. So waren die Abtheilungen für die einzelnen Klassen der Gläubigen genau bestimmt; denn auch in kleinern Kirchen konnte man diese Anordnungen in gewisser Weise festhalten, weil dort auch die Zahl der Versammelten kleiner war.

Zur Ausstattung der Cultusgebäude gehörten nothwendig die liturgischen Gefäße und Bücher. Die herrlichen Schmuckgegenstände, welche die kirchlichen Prachtbauten zierten, wie wir im Vorstehenden ausführten, konnten fehlen; die heiligen Gefäße und die zu den Lesungen nothwendigen Bücher mußten auch in der kleinsten Kirche, in welcher regelmäßig der Gottesdienst gefeiert wurde, vorhanden sein. In Bezug auf diese werden wir durch drei verschiedene Quellenschriften genau unterrichtet: nämlich durch das officielle Protokoll der Confiscation der Kirche von Cirta in Africa in der Diocletianischen Verfolgung, durch die Aufzählung der Geschenke, welche nach dem Papstbuche (Liber Pontificalis) die Römischen Kirchen erhielten, und durch die Stiftungsurkunde einer Landkirche in der Nähe von Tivoli aus dem V. Jahr-

---

[1]) Crostarosa, P., Le Basiliche cristiane. Roma 1892.

hundert. Die erste dieser Quellen¹) reicht noch in die vorconstantinische Zeit zurück und bietet deshalb besonderes Interesse. Das Actenstück lautet in den unser Thema berührenden Theilen: „Als Diocletian zum achten und Maximian zum siebenten Male Consuln waren (im Jahre 303) am vierzehnten Tage vor den Kalenden des Juni (14. Mai); aus den Acten des Munatius Felix, lebenslänglichen Flamen²) und Curators der Colonie der Cirtenser. Da man in das Haus gekommen war, in welchem die Christen ihre Versammlungen abhielten, sagte der Curator und lebenslängliche Flamen zum Bischof Felix: Bringet die Schriften des Gesetzes her und was ihr sonst habet, damit ihr dem Befehl und Gebot gehorsam seid. Der Bischof Paulus sagte: Die Schriften haben die Lectoren, aber was wir hier haben, geben wir heraus.

Felix³): Zeige die Lectoren oder lasse sie holen.

Paulus: Ihr kennet sie alle.

Felix: Wir kennen sie nicht.

Paulus: Das öffentliche Amt kennt sie, nämlich die Amtsschreiber Edusius und Junius.

Felix: Indem die Rechenschaft über die Lectoren vorbehalten bleibt, welche das öffentliche Amt bezeichnen wird, gebet ihr heraus, was ihr habet.

Während der Bischof Paulus saß mit den Priestern Montanus und Victor, Denjatelius und Memorius, unter dem Beisein der Diakonen Mars, Helius und Mars, der Subdiakonen Marcuclius, Catullinus, Silvanus und Carosus, ferner des Januarius, Meraclus, Fructuosus, Miggin, Saturninus, Victor, Samsuricus und der andern Fossoren, schrieb Victor, Sohn des Aufidius, auf in kurzen Worten Folgendes: Zwei goldene Kelche, ferner sechs silberne Kelche, sechs silberne Kännchen, ein silbernes Gefäß, sieben silberne Leuchter, zwei Kandelaber, sieben kleine eherne Leuchter mit den dazu gehörigen Lampen, ferner elf eherne Leuchter mit ihren Ketten, 82 Tuniken für Frauen, 38 Ueberwürfe, 16 Tuniken für Männer, 13 Paar Männerschuhe, 47 Paar Weiberschuhe, 19 Kleider (coplae) für Landleute.

Felix sagte zu den Fossoren Marcuclius, Silvanus und Carosus: Bringet her, was ihr habet.

Silvanus und Carosus sagten: Was sich hier befand, haben wir alles herausgegeben.

---

¹) Migne, Patr. lat. VIII. S. 730—732 in den Gesta apud Zenophilum.

²) Flamen perpetuus war der Priester, welcher den Cult des vergöttlichten Kaisers in den Provinzen leitete.

³) Im Originaltext werden jedesmal die vollständigen Titel wiederholt; ich lasse sie der Kürze halber weg.

Felix: Euere Antwort ist zu Protokoll gebracht.

Darauf begab man sich in die Bibliothek, und dort wurden leere Schränke gefunden. Dort brachte Silvanus ein rundes Gefäß aus Silber und eine silberne Lampe, indem er sagte, er habe dieselben hinter einem großen Thongefäß gefunden. Victor, Sohn des Aufidius, sagte zu Silvanus: Du wärest des Todes gewesen, wenn du sie nicht gefunden hättest. Felix sagte zu Silvanus: Suche sorgfältig nach, daß nichts hier bleibe. Silvanus antwortete: Es ist nichts übrig geblieben, wir haben alles herausgegeben. Und nachdem der Speisesaal geöffnet war, fand man dort vier Fässer und sechs Thongefäße."

So weit das amtliche Protokoll. Man sieht, daß in Cirta das Kirchengebäude noch für alle Zwecke der kirchlichen Verwaltung diente. Außer dem Saale, wo die liturgischen Versammlungen stattfanden, bei welchen die Kelche und Leuchter gebraucht wurden, fand sich ein Speisesaal, offenbar für die Speisung der Armen; ferner waren da Vorrathskammern, worin Kleider zum Austheilen an die Armen aufbewahrt wurden; endlich die Bibliothek für die heiligen Bücher, die man fortgeschafft hatte, in welcher Schränke zum Unterbringen derselben standen. Die Räume zur Aufbewahrung der liturgischen Gefäße und der Bücher blieben, wie wir gesehen, mit dem Gotteshaus verbunden, während für die übrigen Zwecke der Verwaltung eigene Gebäude, allerdings häufig in unmittelbarer Nähe der Hauptkirche, erbaut wurden [1]).

Unter den Geschenken an die römischen Basiliken, welche im Liber Pontificalis [2]) aufgeführt werden, finden wir folgende liturgische Gefäße vertreten:

1) Die Patene, welche, nach dem Gewichte zu schließen, ziemlich groß gewesen sein muß; auf sie wurde das gebrochene consecrirte Brod gelegt zur Austheilung der h. Communion.

2) Der Scyphus, nämlich der große Kelch, in welchem der Wein consecrirt wurde, und der von ziemlichem Umfang sein mußte, weil alle Anwohnenden unter beiden Gestalten die h. Communion empfingen.

3) Die Calices ministeriales (Austheilungskelche) von viel kleinerm Umfang als der scyphus, etwa von der Größe unserer Kelche. Es gab mehrere von diesen in jeder Titelkirche; sie dienten zur Austheilung des im scyphus consecrirten Weines an die Gläubigen.

4) Die Amae, sehr große und weniger kostbare Gefäße: es gab welche, die bis 157$\frac{1}{2}$ Liter (drei medimnae) faßten. Sie dienten wohl dazu, bei der Opferung den von den Gläubigen mitgebrachten Wein

---

[1]) S. Holtzinger, Die altchristliche Architektur, S. 205 ff.
[2]) Liber Pont. ed. Duchesne, tom. I, Paris 1886. — Introduction, p. CXLV.

hineinzugießen, von welchem dann ein gewisses Quantum durch ein Sieb in den scyphus gegossen wurde zur Consecration bei der h. Messe.

Außer diesen direct bei dem h. Opfer gebrauchten Gefäßen werden verschiedene Arten von Leuchtern, Candelabern und Kronleuchtern erwähnt, deren zahlreiche Lichter bei der feierlichen Liturgie das Innere der Gotteshäuser durchstrahlten. Sie standen theils auf dem Boden, theils hingen sie über dem Altar zwischen den Säulen des Ciboriums, oder an den Bogen und Architraven der Säulenreihen zwischen den Schiffen, wie wir oben schon bemerkten. Ferner zählt das Papstbuch auch feststehende Weihrauchgefäße (thymiamateria) und Wasserbecken zum Händewaschen (aquamanile) unter den Geschenken auf. Eine besonders große Art von Gefäßen, die Metretae, welche bis zu 525 Liter fassen konnten, dienten nach Duchesne zur Aufbewahrung des Oeles, welches die vielen im Gotteshause brennenden Lampen speiste. Endlich werden die Geschenke an kostbaren Stoffen und Vorhängen (vela) der verschiedensten Art aufgezählt, die zur Ausschmückung der verschiedenen Theile des Gotteshauses und nach Ansicht Crostarosa's auch zur Trennung der verschiedenen Klassen der Gläubigen verwendet wurden. Die Säulenreihen des Atriums und der Vorhallen, die Thüren, die Zwischenräume der Säulen im Innern, der Baldachin über dem Altar, der Altar selbst wurden mit Vorhängen und Tüchern geschmückt, die um so kostbarer wurden, je näher sie dem Altar kamen. Die Zahl der Vorhänge für das Innere der einzelnen Kirchen ist meistens so constant, daß man von ihr auf die Zahl der Intercolumnen (Zwischenräume der Säulen) schließen kann, so daß die Angaben des Liber Pontificalis auch baugeschichtlich von großem Werthe sind.

Sehen wir nun, wie im Vergleich mit den Kirchen Roms eine Landkirche aus der Umgebung der ewigen Stadt ausgestattet wurde. Wir werden staunen über die Freigebigkeit, mit welcher der schon erwähnte Stifter derselben, Flavius Valila, für alle Cultusbedürfnisse und für den Schmuck des Gotteshauses sorgte. In dem aus dem Jahre 471 datirten notariellen Act[1]) werden zuerst die Grundstücke aufgezählt, welche mit der Kirche verbunden wurden, damit immer Lichter in ihr unterhalten und das Gebäude in ordentlichem Zustande gehalten werden konnte; dann die Wohnungen mit daranstoßenden Gärten für die Kleriker und die Hüter der Kirche (Sacristane). Daran schließt sich die Reihe der liturgischen Gefäße und der Leuchter, die mit folgenden Worten angeführt wird: „Ich stifte Silbergeräthe zur Zierde der ge-

---

[1]) Bruzza, Regesto della chiesa di Tivoli, S. 15—17. Als „Charta Cornutiana" wird das Actenstück bezeichnet, weil das Gut, auf welchem die Kirche lag, „massa Cornutiana" hieß.

nannten Kirche und zur Feier des erwähnten hochheiligen Geheimnisses, und zwar folgende Stücke: eine silberne Patene, einen größern silbernen Kelch, zwei kleinere silberne Kelche, ein Kännchen zum Opfern, ein Sieb, ein Weihrauchgefäß, einen silbernen Kronleuchter mit Ketten und 18 Lichthaltern, vier silberne Kronen mit ihren Kettchen, silberne Stehleuchter; und für das Altargrab (confessio) zwei silberne Thüren mit ihren Schlüsseln; alle diese Geräthe betragen, auf der städtischen Waage gewogen, 54 Pfund 7 Unzen Silber; zwei eherne Kronleuchter mit je acht Lichthaltern und für die Stehleuchter sechs größere eherne Oelpfannen, zwölf kleinere, zwei eherne Lilien und zwei eherne Stehleuchter." Dann werden zahlreiche seidene, gewirkte und linnene Vorhänge aufgeführt, und nach diesen: „Item die Bücher: vier Evangelien, ein Apostelbuch (Epistelbuch), ein Psalterium und ein Comes (Angabe der Lesungen)."

Man sieht sofort die große Analogie zwischen der Ausstattung dieser Landkirche und den liturgischen Geräthen der römischen Stadtkirchen: die zum Gottesdienste nothwendigen und für die Beleuchtung und die Zierde des Gotteshauses geschenkten Gegenstände sind dieselben; sie unterscheiden sich bloß durch den Stoff, die Zahl und natürlich auch in Bezug auf die Größe. Beide Listen stehen wieder in enger Beziehung mit den im Kirchengebäude in Cirta confiscirten liturgischen Geräthen. Es ist kein Zweifel, auch in Bezug auf die Einrichtung und die Ausstattung der Kirchen besteht keine Kluft zwischen der vorconstantinischen Zeit und der nachconstantinischen Periode und zwischen den größern und kleinern Gotteshäusern; wir finden bloß eine natürliche, den Verhältnissen entsprechende Entwickelung. Dies braucht uns nicht zu überraschen: denn die Liturgie war ja in allem Wesentlichen dieselbe in den drei ersten Jahrhunderten wie in den folgenden; sie forderte dieselben Geräthe in der ältern wie in der spätern Zeit. Deshalb ist nichts geeigneter, uns die Uebereinstimmung in der Feier des Gottesdienstes in allen Perioden des Alterthums klar vor Augen zu stellen, als die Geschichte der Cultusstätten und ihrer Ausstattung, wie wir sie im Vorstehenden zu schildern versucht haben.

Schluß.

Werfen wir zum Schluß einen kurzen Rückblick auf die Resultate der gemachten Untersuchungen, um dadurch in einigen Linien die Geschichte der christlichen Cultusgebäude im Alterthum zu zeichnen.

Die ersten Cultusstätten der Christen waren die Säle der Privathäuser reicher Bekenner des christlichen Glaubens, in welchen sich die Gemeinden zur eucharistischen Feier versammelten. Das römische und das griechische Haus eigneten sich dazu sehr gut, so lange die Zahl der Christen nicht zu groß war, indem die großen Säle des Erdgeschosses, von dem Geräusch der Straße durch einen Säulenhof getrennt, zu diesem Zwecke wie geschaffen waren.

Die zu Cultuszwecken bestimmten Räume konnten leicht vergrößert und für die Abhaltung der Versammlungen eingerichtet werden durch Absonderung besonderer Plätze für den Klerus und das Volk, ohne daß nach außen das Haus bedeutende Veränderungen zu erfahren brauchte. In den beiden ersten Jahrhunderten des Bestehens der Kirche blieben diese den Christengemeinden zur Verfügung gestellten Häuser, wenigstens vor der Oeffentlichkeit, im Besitz ihrer bisherigen Eigenthümer, welche wohl meistens auch fortfuhren, sie zu bewohnen. Gegen den Anfang des dritten Jahrhunderts jedoch sehen wir, daß die Christengemeinden selbst als Eigenthümer der Gotteshäuser dastehen und als solche den Behörden bekannt waren, ja sogar in ihrem Besitz geschützt wurden. Diese „Häuser der Kirche" dienten für die verschiedenen Bedürfnisse der kirchlichen Verwaltung: die größern Räume als Versammlungsorte für die liturgische Feier, die übrigen als Wohnung des Bischofs und einzelner Kleriker und als Vorrathszimmer zur Aufbewahrung der für die Armenpflege nothwendigen Gegenstände. Nunmehr stand nichts mehr im Wege, daß die Christen eigene Gotteshäuser bauten; und wir sehen aus Eusebius, daß dies gegen Ende des dritten Jahrhunderts wirklich geschah. Der Plan des römischen Hauses brauchte, da das Gotteshaus auch den angegebenen Zwecken diente, nicht wesentlich verändert zu werden; es liegt jedoch auf der Hand, daß man, bei dem Anwachsen der Christengemeinden in den Städten des Römischen Reiches, bei Neubauten vor allem einen großen Raum zu Versammlungen schuf, um welchen herum sich die Nebenräume gruppirten, und daß derselbe von vorn herein für die Abhaltung der liturgischen Versammlungen eingerichtet wurde. Als unter Constantin die Kirche vom Staate anerkannt und beschützt wurde, und in Folge davon in den Hauptstädten großartige Gotteshäuser errichtet wurden, ließ man alle Nebenbauten bis auf einige wenige, zur Aufbewahrung der liturgischen Geräthe nothwendigen Räume weg und errichtete bloß gewaltige Innenräume, die mit aller Pracht ausgestattet wurden. Als Form der Bauten bot sich die Basilika mit ihrem von Säulen getragenen Dache aus architektonischen und praktischen Gründen von selbst dar, da sie von den Römern vielfach verwendet, und höchst wahrscheinlich manche der innerhalb der „Häuser der Kirche" der vorhergehenden Epoche gelegenen Versammlungsräume schon mehrschiffig gewesen waren. Daneben finden wir aber auch mit einer Kuppel gedeckte Centralbauten, und bei kleineren Landkirchen (Oratorien) kamen gewiß ebenfalls einschiffige Anlagen zur Verwendung. Diese von Grund aus erbauten Kirchen erhielten in der ersten Zeit meistens den Namen des Erbauers, wie auch in der vorhergehenden Zeit die Versammlungsräume nach den Besitzern der Häuser, in welchen sie sich befanden, benannt wurden. Später trat die Kirche vielfach das Erbe des durch sie zerstörten Heidenthums an; die ihr vom Staate überlassenen Tempel und bisweilen auch andere Profanbauten wurden zu Gotteshäusern eingerichtet.

Neben diesen zur Abhaltung der regelmäßigen eucharistischen Feier bestimmten Gotteshäusern gab es noch eine andere Art: die Cömeterialkirchen. Dieselben sind ursprünglich die sowohl auf den oberirdischen als über den unterirdischen Friedhöfen errichteten Räume zur Feier der Todtenliturgie und der Jahrgedächtnisse. Diese Feier, welche in der Regel einen mehr privaten Charakter hatte, gestaltete sich wegen der hohen Verehrung, die den christlichen Blutzeugen von Anfang an erwiesen wurde, nach und nach an den Gedächtnißtagen der berühmten Martyrer zu einem mit Betheiligung der ganzen Gemeinde begangenen Festtage. Außerdem besuchten die Gläubigen für sich die Gräber der Martyrer, um ihre Privatandacht dort zu verrichten. Auf diese Weise wurden die Cömeterialkirchen zu Heiligthümern, welche den Martyrern geweiht waren und deren Namen trugen, sei es, daß das Grab eines Martyrers sich wirklich in der Cella coemeterialis befand, wie es häufig bei oberirdischen Grabanlagen der Fall war, oder daß dasselbe bloß in der Nähe lag. Diese Cömeterialkirchen waren in der vorconstantinischen Zeit meistens klein; sie bildeten einen einschiffigen Raum, welcher in der Regel eine oder mehrere halbrunde Ausbauten besaß. Seit Constantin errichtete man jedoch über den Martyrergräbern ebenfalls große Kirchen, häufig in Basilikenform, und, wenn möglich, in der Weise, daß der Altar über das Grab eines hochverehrten Martyrers zu stehen kam, oder wenigstens so, daß man unmittelbar von der Kirche aus zu dem Grabe gelangen konnte. In letzterm Falle wurde der Raum um das Grab herum so eingerichtet, daß er zur Abhaltung von Privatmessen und zur Ausübung der Privatandacht der Gläubigen dienen konnte. Auch andere Orte, an welche sich das Andenken eines Martyrers knüpfte, wurden heilig gehalten und durch Kirchen und Oratorien geehrt, die den Namen des Heiligen trugen. So bildete sich der Gebrauch, auch die bloß als liturgische Versammlungsorte errichteten Gotteshäuser Heiligen zu weihen und denselben deren Namen zu geben. Nun bestrebte man sich, zur Einweihung auch dieser Kirchen Gegenstände zu erhalten, welche das Andenken der Martyrer besonders fortpflanzten, um dieselben in den Altar niederzulegen, und diesen so im übertragenen Sinne zu einem Martyrergrabe zu machen.

Im Orient begann man schon im vierten Jahrhundert, die h. Gebeine selbst aus ihren ursprünglichen Gräbern zu erheben, oder Ueberbleibsel der h. Leiber zurückzubehalten bei der Bestattung. Auch im Abendlande kamen einige Uebertragungen von Gebeinen der Martyrer vor; jedoch im Allgemeinen hielt man sich hier bis zum siebenten Jahrhundert an die besonders in Rom vertretene Praxis, die Gräber nicht zu verletzen, sondern bloß Gegenstände, welche das Grab berührt hatten oder Theilchen der Marterwerkzeuge und der mit dem Blute der Martyrer getränkten Tücher als Reliquien in die Altäre zu legen. Auf diese Weise bildete sich nach und nach der Gebrauch, welcher alsdann zum Gesetz wurde, keinen Altar ohne Reliquien von Heiligen zu errichten. Diese Uebertragung von Reliquien in die neu erbauten Kirchen hatte zur Folge, daß bei der Einweihung derselben der Ritus einer feierlichen Bestattung zu der Darbringung des eucharistischen Opfers hinzu kam.

Außer den öffentlichen, der ganzen Gemeinde dienenden Gotteshäusern hatte man ebenfalls, wenigstens vom vierten Jahrhundert an, Privat-Oratorien, die einer einzelnen Familie gehörten. Auch hier wurde ausnahmsweise und unter gewissen Bedingungen das h. Opfer dargebracht.

In den an die Gotteshäuser stoßenden Nebenräumen wurden die zur liturgischen Feier nothwendigen Geräthe und Bücher und die zum Schmucke der Kirche dienenden Gegenstände aufbewahrt.

Wir erfahren durch einzelne Quellenschriften, wie reichlich in dieser Beziehung nicht nur die großen Kirchen Rom's, sondern auch die Gotteshäuser kleinerer Städte und selbst Landkirchen ausgestattet waren. In einem dieser Räume wurden ebenfalls die von der h. Communion übrig gebliebenen Theile des consecrirten Brodes aufbewahrt, wenn sie nicht in ein über dem Altare aufgehängtes Gefäß niedergelegt wurden.

Dieser kurze Ueberblick zeigt klar, wie in Bezug auf die liturgischen Gebäude und deren Einrichtung zwischen dem christlichen Alterthum und der Folgezeit bis auf unsere Tage kein wesentlicher Unterschied besteht. Alles, was heute in dieser Beziehung zur Feier des Gottesdienstes in der Kirche geschieht, hat seine Wurzel in den ersten Zeiten des Christenthums. Wir sehen überall nur eine harmonische innere Fortentwickelung, keine plötzliche, von Außen hereingebrachte Neuerung. So zeigt sich auch hierin die Kirche ihrem Wesen treu, und ihre heiligen Gebräuche fordern von uns um so höhere Werthschätzung, je klarer wir erkennen, daß sie mit dem ehrwürdigen Nimbus des höchsten Alters umgeben sind.